AF345070

VIE

DE

JUST DE BRETENIÈRES

VIE

DE

JUST DE BRETENIÈRES

MISSIONNAIRE APOSTOLIQUE

MARTYRISÉ EN CORÉE EN 1866

PAR

Mᵍʳ D'HULST

RECTEUR DE L'INSTITUT CATHOLIQUE DE PARIS

PARIS

LIBRAIRIE POUSSIELGUE FRÈRES

CH. POUSSIELGUE, SUCCESSEUR

RUE CASSETTE, 15

—

1888

PRÉFACE

Le récit biographique que nous présentons au public chrétien est une œuvre de piété dans les deux sens que ce mot comporte. La piété envers Dieu trouve son aliment dans les exemples d'une vie sainte et d'une mort héroïque; mais c'est la piété du souvenir et de l'affection qui nous a décidés à accepter la mission que nous offraient, il y a plus de dix ans déjà, les vénérables parents du jeune martyr.

Sans cesse interrompue par d'autres travaux, et reprise plusieurs fois à de longs intervalles, notre tâche n'a pu s'achever avant la mort de M. et de Mme de Bretenières. Si nous regrettons profondément de n'avoir pas su donner à leur tendresse une suprême consolation, à leur généreux sacrifice une première récompense en les faisant témoins de l'honneur rendu à la mémoire de leur saint enfant, d'autre part nous nous sentons plus à l'aise pour montrer ce que la vertu du fils a emprunté à celle de ses parents. Plus d'une page émouvante de ce petit livre eût été difficile à écrire sous les yeux de ceux dont l'éloge est inséparable du récit de leurs actions.

Renfermée dans les étroites limites d'une existence de vingt-huit ans, dont vingt-six ont appartenu à la vie de famille et au noviciat des Missions, la carrière de Just de Bretenières n'offre rien qui puisse attirer l'attention des hommes, sinon la glorieuse immolation qui la termine. Toute la beauté de cette vie est au dedans, et, sous peine de travestir la réalité, nous avons dû donner au présent écrit le caractère d'une œuvre ascétique. L'histoire des saints c'est l'ascétisme en action; or, sans nous départir des règles imposées aux biographes par la sagesse de l'Église, sans oublier qu'il n'appartient qu'au Saint-Siège de décerner le titre et les honneurs de la sainteté, nous croyons pouvoir affirmer que l'âme de Just était de la race des saints. Ceux-là seuls donc trouveront quelque charme dans notre récit qui s'intéressent aux opérations de la grâce dans une âme et aux progrès de sa fidélité.

Toutefois, comme les derniers mois de la vie de notre ami se sont passés dans la mission de Corée, comme sa précieuse mort a inauguré une longue série de persécutions et de catastrophes au sein de cette Église si durement éprouvée, nous n'avons pu manquer au devoir de faire connaître en abrégé les événements au milieu desquels trouve place l'histoire particulière du jeune missionnaire. Sans doute ces mêmes événements ont été racontés ailleurs beaucoup plus complètement que nous ne pouvions le faire. L'historien de l'Église de Corée, les biographes de Mgr Berneux, de Mgr Daveluy, de MM. Beaulieu et Dorie, compagnons de martyre de Just, ont dit avant nous et mieux que nous ce qu'il nous a fallu redire. Mais on ne doit pas supposer que le lecteur de cet opuscule ait toujours sous les yeux les autres ouvrages qui traitent des mêmes faits : il faut qu'une biographie se suffise à elle-même. Cette nécessité nous a entraîné, vers la fin du volume, à des digressions historiques qui sont peut-être une faute contre l'art, mais qui nous seront pardonnées parce qu'elles profitent à ceux pour qui nous écrivons.

Au moment où nous traçons ces lignes, nous apprenons que les missionnaires actuellement établis en Corée ont achevé le procès apostolique des martyrs de 1839 et que le *procès de l'Ordinaire* va commencer pour les martyrs de 1866. La cause de leur béatification entre ainsi dans sa première phase, qui aboutira, nous n'en doutons pas, à l'acte par lequel ils seront déclarés *vénérables*. Le moment est donc bien choisi pour ajouter un portrait à la galerie des héros qui ont illustré l'Église coréenne. L'ère de liberté et de paix qui paraît avoir enfin commencé pour cette chrétienté, ajoute une opportunité de plus à la publication d'un récit qui rappelle les jours d'épreuve.

Là-bas, au delà des mers, les enfants des martyrs, si jamais ils nous lisent, s'instruiront à l'école d'un de leurs apôtres. Et dans notre pauvre France, qui au milieu de ses égarements ne cesse pas d'être en tous lieux le grand missionnaire de Dieu, plus d'un cœur, nous osons l'espérer, s'échauffera au souvenir de cet héroïsme tranquille qui a pris sa source

dans l'éducation chrétienne, et qui s'est
développé dans l'exercice des plus humbles
et des plus solides vertus.

Paris, 1er novembre 1888, en la fête
de tous les Saints.

M. D'HULST.

VIE

DE

JUST DE BRETENIÈRES

CHAPITRE I

L'ENFANCE DE JUST (1838-1859).

L'Église appelle *naissance* la mort de ses saints. Son martyrologe est un perpétuel défi jeté à la mort : *En tel lieu*, dit-elle, *jour de naissance de tel saint.*

En adoptant ce langage héroïque de la liturgie sacrée, nous pourrions fixer au 8 mars 1866 le jour de naissance de Just de Bretenières. Ce jour-là, ayant donné joyeusement au Seigneur sa vie mortelle, il reçut en échange la vie éternelle. Ce n'est pas seulement pour ceux qui l'ont aimé une espérance, c'est une certitude.

L'Église ne permet pas qu'on prie pour les martyrs.

Si donc nous voulions uniquement honorer celui que Dieu a glorifié, nous pourrions nous borner à raconter cette seconde naissance. Mais nous cherchons surtout l'édification de ceux qui liront ces pages, et nous sommes assurés qu'ils la trouveront dans le récit d'une vie dont le martyre fut, en quelque sorte, le couronnement naturel. C'est une touchante histoire que celle qui déroule à nos yeux l'enchaînement des grâces divines et le progrès de la fidélité humaine. Pour la rendre attrayante aux âmes de foi, il n'est pas besoin de faire appel aux complications des événements; sous les dehors tranquilles d'une existence conforme aux conditions communes, la vie intérieure a ses péripéties et ses phases, visibles, tant que dure le combat, au seul regard de Dieu. Mais quand l'heure du triomphe a sonné pour le soldat du Christ, c'est le droit de ceux qui luttent encore de demander à l'heureux vainqueur le secret de sa victoire.

C'est ce que nous essayerons de faire en racontant la vie de notre martyr.

Simon-Marie-Antoine-Just Ranfer de Bretenières naquit à Chalon-sur-Saône, le 28 février 1838, dans l'hôtel situé rue Saint-Georges, et qui est devenu depuis la sous-préfecture; cet hôtel appartenait alors au baron de Montcoy, père de Mme de Bretenières.

La Providence semblait avoir réuni autour du berceau de cet enfant toutes les influences salutaires, tous les souvenirs honorables, toutes les provocations à la vertu. Son aïeul maternel, que nous venons de nommer, s'était distingué par sa brillante valeur dans la défense de Lyon contre les armées révolutionnaires, en 1793. Fait prisonnier, il s'était délivré lui-même par un prodige d'audace et de force physique[1]; arrêté une seconde fois, il était réservé à la guillotine : mais une erreur de nom retarda son exécution, et le 9 thermidor lui apporta le salut.

L'aïeul paternel de Just, M. Ranfer de Montceau, baron de Bretenières, avait expé-

---

[1] Emmené à pied entre deux gendarmes, il avait précipité l'un de son cheval, et, désarmant l'autre, il l'avait tué. Ce fait était encore ignoré au moment de sa seconde arrestation, ce qui explique qu'il n'ait pas été fusillé sur l'heure.

rimenté d'une autre façon les rigueurs de la période révolutionnaire. Émigré d'abord en Suisse, son goût pour les arts l'avait bientôt attiré en Italie, où il sut vivre de son talent; il devint même professeur à l'Académie de Florence.

De retour en France, il demanda courageusement aux études juridiques ce qui lui manquait : une carrière. Le gouvernement de la Restauration discerna son mérite et reconnut sa fidélité en le nommant premier président de la cour d'appel de Dijon, sa ville natale.

Son fils, le baron Edmond de Bretenières, avait hérité de lui le goût des arts. Après de fortes études d'humanités et de droit, il suivit la route que lui avait tracée son père; il donna aux voyages et à la peinture les premières années de sa jeunesse, puis revint à Dijon inaugurer dans la magistrature une carrière bientôt interrompue par la révolution de 1830. Peu de temps avant cet événement, il épousa Mlle Anne-Marie Lantin de Montcoy. Le premier enfant qui naquit de cette union mourut aussitôt après son baptême, et ses pieux parents attendirent pendant près de sept ans un nouveau gage de la bénédiction divine. Enfin au mois de février 1838, après huit ans et demi de mariage, pendant un séjour qu'ils faisaient à Châlon chez M. de Montcoy, la naissance d'un fils de belle et forte constitution vint combler leurs vœux et changer leur prière en action de grâces.

L'enfant fut baptisé le jour même de sa naissance, en l'église Saint-Pierre de Chalon, par M. l'abbé Vivant Compain, curé de cette paroisse. Il eut pour parrain son grand-père, M. de Bretenières, et pour marraine Mme de Montcoy, sa grand'mère maternelle.

Nous ne céderons pas à la tentation qui porte certains biographes à vouloir que tout soit remarquable et presque merveilleux dans la vie qu'ils racontent. Il ne nous en coûtera nullement de reconnaître que l'enfance et l'adolescence de Just s'écoulèrent dans les conditions communes, si toutefois l'on peut appeler de ce nom la simplicité austère d'une vie de famille entièrement réglée par l'esprit chrétien. Ces intérieurs recueillis, où la vivacité des affections réciproques tempère seule la sévérité du devoir; où les parents se séparent en quelque sorte du monde pour vaquer à l'éducation de leurs enfants ; où tout est ordonné en vue de cette œuvre unique, occupations, séjour, relations ; où la religion éclaire la conscience, et où la conscience gouverne tout ; ces intérieurs-là étaient nombreux, avant comme après la Révolution française[1], dans la noblesse de nos provinces et dans la haute bourgeoisie de nos cités. Aujourd'hui, hélas ! ils sont rares ; et à voir grandir les générations qui devront demain se créer un foyer, on se demande si de tels exemples ne vont pas disparaître sans retour. Ce que deviendra l'éducation, et par conséquent la nation, quand le luxe, la frivolité, l'esprit superficiel, l'ambition précoce, la cupidité empressée, l'oubli de la subordination et du respect auront achevé d'envahir la famille, on ose à peine l'annoncer, bien qu'il soit trop facile de le prévoir. En attendant, le mal grandit tous les jours et menace la société française d'une complète dissolution. C'est donc faire œuvre salutaire et patriotique que de rappeler les parents chrétiens à la saine notion de leurs devoirs, en leur mettant sous les yeux des modèles du genre

---

[1] Voir les remarquables monographies de M. Ch. de Ribbe, sur *les Livres de raison*.

de vie qui devrait être le leur; modèles contemporains et que, pour cette raison, on ne puisse pas d'avance déclarer inimitables.

À ce titre, il ne sera pas inutile de décrire en quelques mots le milieu domestique dans lequel la Providence avait placé le futur missionnaire.

Retiré des fonctions publiques, son père partageait son temps entre la direction de ses affaires privées, la culture des arts et les bonnes œuvres. L'hiver se passait partie à Chalon, chez M. de Montroy, partie à Dijon, dans le vieil hôtel de la rue Vannerie: noble et paisible demeure, abritée au fond des cours et des jardins qui la précèdent, et s'appuyant par derrière aux anciens remparts, d'où la vue s'étend sur la campagne. C'était déjà la solitude au milieu de la ville. Le château de Bretenières, situé à quelques lieues de Dijon, était la résidence d'été. Dans ces différents séjours le genre de vie était uniforme, toujours rempli des mêmes devoirs. Prier, lire, peindre, administrer leur bien, suivre de près les études de leurs enfants, s'associer à toutes les œuvres charitables de la contrée, entreprendre et mener à bien la construction de plusieurs églises dans les faubourgs de Dijon, telles furent, pendant toute la jeunesse de Just, les occupations de ses parents.

Nous ne sommes pas de ceux qui comparent la vie morale à la solution d'une équation. Nous ne croyons pas que quand on a posé les termes, on possède à l'avance le secret qui n'appartient qu'à la volonté libre. Bien des jeunes gens ont trouvé dans leur famille des exemples et des secours semblables à ceux qui accueillirent Just à son entrée dans la vie. Combien, parmi ceux-là, n'ont-ils pas dissipé dans les plus tristes écarts ce patrimoine d'honneur et de vertu? C'est le mystère de la liberté morale. Mais, quel que soit l'abus possible, le devoir des personnes qui ont charge d'âmes est de multiplier autour de ceux dont l'avenir se prépare les protections contre le mal et les excitations au bien. Cet avantage ne manqua pas à Just : dans l'atmosphère sereine et vivifiante que nous venons de faire connaître, sa nature saine et forte s'épanouissait à l'aise et se portait comme d'elle-même au-devant des préparations de la grâce.

Un peu plus de deux ans après sa naissance, au mois d'avril 1840, Dieu donna à ses parents un second fils, qui reçut le nom de Christian. Cette nouvelle bénédiction devait avoir pour l'aîné les suites les plus heureuses. Suivi de près dans ses études et dans l'emploi de ses loisirs par un frère d'un âge si voisin du sien, Just n'avait pas besoin d'aller chercher loin de la famille l'émulation et les distractions nécessaires à la jeunesse, et rien n'empêchait plus M. et Mme de Bretenières de se donner tout entiers à leur sainte tâche en concentrant au foyer domestique toutes les sollicitudes et toutes les ressources de l'éducation.

Tout petit enfant, Just se faisait déjà remarquer par son esprit réfléchi et se montrait maître de lui-même. Plein d'affection envers son grand-père, il savait modérer pour lui la pétulance de son âge; et, sur un signe de sa mère, on voyait cet enfant de trois ans et demi interrompre ses jeux pour venir tourner en silence les feuillets du livre placé sur un pupitre devant le vieillard, ou essuyer tendrement son front baigné de sueur par l'effet des cruelles souffrances de la maladie.

La mémoire de sa mère a conservé le souvenir d'un petit trait qui se rapporte à la même époque, et qui serait sans importance si la suite des événements ne permettait d'y voir un signe de l'appel précoce de la grâce. Un jour qu'un ecclésiastique était venu voir ses parents, le petit Just prit dans ses mains le bas de la soutane du prêtre et dit : « Quand je serai grand, si je suis sage, vous me donnerez un habit comme celui-là. »

Mais l'enfance de Just fut signalée par un fait bien autrement notable, dont nous ne chercherons pas à préciser le caractère, bien qu'il soit difficile de n'y pas reconnaître l'action de Dieu. C'était en 1844 : Just avait six ans, son frère en avait quatre. Les deux enfants jouaient ensemble dans le jardin de Bretenières, sous la surveillance d'une gouvernante ; ils s'amusaient à creuser la terre avec de petits bâtons ; tout à coup Just s'interrompt : « Tais-toi, » dit-il à son frère ; et il se penche sur le trou qu'il avait fait. « Je vois les Chinois, s'écrie-t-il, je vois les Chinois ! Allons, creusons plus bas, nous arriverons bientôt jusqu'à eux. » Son frère se penche à son tour et proteste qu'il ne voit rien. Just insiste, et, tout en creusant avec ardeur, décrit à son frère l'extérieur des Chinois et leur costume ; il se penche encore et déclare qu'il entend leurs voix. Christian, stupéfait, ne répond rien, et les deux frères reprennent bientôt leurs jeux.

Mais cette scène extraordinaire ne devait pas s'effacer de leur mémoire. Jamais ils ne s'en parlèrent, jamais aucun des deux n'en dit rien à ses parents. Mais vingt ans après, Just en fit le récit à l'un de ses condisciples du séminaire des Missions. Un jour qu'ils étaient allés visiter ensemble, à l'établissement de Saint-Nicolas d'Issy, un enfant de dix ans que Just y avait fait entrer, celui-ci interrogea son petit protégé sur ses goûts et ses désirs pour l'avenir ; l'enfant répondit qu'il voulait être missionnaire. Et, comme le compagnon de Just s'étonnait d'une semblable volonté exprimée avec force par un enfant de cet âge : « Pour moi, répondit Just, je n'en suis pas surpris : ma vocation remonte bien plus haut. Longtemps avant l'âge de ce petit, je savais déjà bien que je voulais être missionnaire. » Et là-dessus il raconta en détails la scène du jardin. Depuis, il en a renouvelé la confidence à un autre aspirant des Missions étrangères,

M. Wallays, aujourd'hui supérieur du collège de Pinang. C'était la veille de son départ pour la Corée ; dans un entretien plein d'épanchement, où il faisait connaître à son ami les principales circonstances de sa vie pour s'animer à la reconnaissance envers Dieu, il reproduisit l'histoire de ce fait singulier dont vingt années de silence n'avaient pas altéré dans sa mémoire la vivante image.

Quant à son frère, il n'en a pas gardé un souvenir moins présent, et, pour rapporter le fait, nous nous sommes servis de ses propres paroles. Nous pouvons compléter cette version par une autre que nous trouvons dans une lettre écrite après sa mort par une de ses cousines qui tenait le récit de seconde main. D'après elle, comme Just déclarait entendre les Chinois parler, et que son frère n'entendait rien, ils appelèrent leur mère, qui vint et n'entendit pas davantage. Just alors leur dit à tous deux : « Vous ne pouvez pas les entendre, mais moi je les entends bien. Là-bas, maman, au fond de ce trou, de l'autre côté, bien loin, bien loin, ils m'appellent, il faut que j'aille les sauver. »

Nous rencontrons encore un signe de sa vocation précoce dans un mot qu'il dit à son frère vers ce même âge de six à sept ans. Ils parlaient ensemble du château de Bretenières, qu'ils aimaient beaucoup. Le cadet dit naïvement à son aîné : « Quand ce sera à toi, est-ce que tu m'obligeras d'en sortir? — Oh! non, sois tranquille, reprit Just, je ne l'aurai pas, car je serai prêtre, et ce sera pour toi. »

Ce sont là les seuls faits particuliers dont nous ayons trouvé la mention dans les souvenirs qu'on a conservés de son premier âge. Mais tous les témoins s'accordent à signaler en lui, même avant sa première communion, de précoces vertus : une pureté angélique, un grand esprit de religion, une obéissance invariable et toujours rapportée à Dieu. Très réfléchi, il comprenait et appréciait l'éducation sérieuse et austère que ses parents lui donnaient. Une personne qui lui donnait des leçons de musique lorsqu'il avait onze à douze ans, a retenu de lui cette réflexion : « A quoi aboutissent souvent les éducations qui ne sont pas comme la nôtre? Au désœuvrement, à une vie qui se passe à fumer des cigares. »

La vertu de cet enfant consistait donc principalement dans la fidélité à ses devoirs d'état constamment remplis en vue de Dieu. Certes, c'est la meilleure, et sans cette forme solide on sait que la vertu est rare dans l'enfance. Toutefois la grâce qui prévenait cette âme choisie l'attirait déjà à de plus hautes ambitions et murmurait en elle la douce invitation : *Amice, ascende superius* : « Enfant aimé, monte plus haut. » La pieuse mère faisait à ses fils des lectures spirituelles qu'elle leur expliquait avec l'ardeur de sa foi. Un jour, oubliant presque leur jeune âge, elle leur avait parlé de la perfection. Quelque temps après, elle surprit entre eux le dialogue suivant : « Dis donc, Just, lui demandait le plus jeune, la perfection dont nous parlait maman l'autre jour, qu'est-ce que c'est? Je n'ai pas trop compris. — La perfection, vois-tu, reprit Just, je crois que c'est comme une montagne bien haute, bien haute. Quand on veut y monter, il faut beaucoup de peine, beaucoup de temps; mais enfin on ne doit pas se décourager : on peut toujours y arriver, *si l'on veut.* »

L'éducation intellectuelle comme l'éducation religieuse commençait de bonne heure pour les deux frères. Par les soins d'une gouvernante étrangère, ils avaient appris à parler et à écrire l'allemand en même temps et aussi bien que le français. Prévoyant que plus tard les études classiques rendraient difficile une culture plus approfondie de cette langue, M. de Bretenières voulut profiter de leur jeune âge. Dès le printemps de 1845, — Just n'avait encore que sept ans, — la famille alla s'établir pour quelques mois à Kissingen, en Bavière. Un jeune prêtre du diocèse de Wurtzbourg servit de maître aux enfants. L'année suivante on fit un nouveau séjour à Kissingen, puis à Bamberg, où Just et son frère suivirent les cours d'une école publique. L'archevêque de Bamberg permit à un jeune prêtre de son diocèse d'accompagner la famille en France. Ce prêtre, tout récemment ordonné, était d'une grande piété. Ignorant absolument la langue française, il enseignait tout en allemand et s'appliquait avec un soin particulier à l'instruction religieuse de ses élèves. Just, déjà pénétré de respect pour le sacerdoce, était ravi d'avoir pour maître un homme si plein de Dieu. Un jour, il demanda à sa mère si les prêtres n'étaient pas tous des saints. Il lui fut répondu que les prêtres, étant des hommes, peuvent faillir : témoin Judas, qui trahit Notre-Seigneur, tandis que tous les autres apôtres furent des saints, glorifiés par le martyre. « Eh bien, moi, reprit Just, je crois que M. W*** est un saint: car, quand il nous explique le catéchisme, je vois sa figure s'animer, et il a une auréole lumineuse sur la tête, comme on en représente au-dessus de l'image des saints : n'est-ce pas, Christian? » Mais le plus jeune déclara qu'il n'avait rien vu du tout. Just se tut et n'en parla plus.

Un précepteur français succéda au prêtre allemand et conduisit ses élèves jusqu'au moment de leur première communion. On avait retardé Just pour attendre son frère. C'est le 12 septembre 1850, — Just avait douze ans et demi, — que les deux frères, accompagnés de leur cousin germain, A. de V***, reçurent pour la première fois Notre-Seigneur, dans l'église paroissiale de Montcoy. Le même jour eut lieu, dans la chapelle du château, le renouvellement des promesses du baptême et la consécration à la sainte Vierge. Chaque enfant plaça aux

pieds de la statue de Marie un billet où était
consignée l'expression de son plus cher désir. Les trois billets furent brûlés ensuite
sans avoir été lus. Que contenait le billet
de Just? Il ne le dit point. Mais quand on
considère l'étonnante précocité et l'étonnante constance des saints désirs qui ont
germé de bonne heure dans cette jeune
âme, et l'ont conduite jusqu'au martyre,
on est amené à supposer que la Vierge bénie fut dès ce jour la confidente de la plus
généreuse des oblations.

Ce grand acte accompli, il fallait songer
aux études sérieuses. La santé du premier
précepteur ne lui permettant pas de poursuivre sa tâche, il y avait un grand parti
à prendre : continuer l'éducation privée, si
convenable aux premières années, ou re-
courir à l'éducation publique, mieux faite,
semble-t-il, pour développer les esprits par
l'émulation et former les caractères par le
contact. Mais, à côté de ces avantages, que de
dangers le collège, ce monde en raccourci, ne
fait-il pas courir aux âmes innocentes! Les
parents de Just n'hésitèrent pas. Ils voulurent garder pour Dieu les trésors qu'ils
avaient reçus de lui, et chargèrent un nouvel

ecclésiastique de donner sous leurs yeux l'instruction classique à leur fils. Eux-mêmes se réservèrent les leçons d'allemand, les arts d'agrément et l'instruction religieuse. Quant à l'éducation proprement dite, ils en gardèrent la direction exclusive, et, pour suffire à cette tâche, ils s'isolèrent plus que jamais de tout autre souci, et firent de leur maison un véritable collège ou, si l'on veut, une sorte de monastère. Une régularité inflexible présidait à l'emploi du temps. Les études et les classes se succédaient dans un ordre invariable. Les jeux étaient sans apprêts, empruntant tout leur intérêt à la vivacité, à la gaieté naturelle des deux frères, à leur entrain, à leur agilité, à leur affection réciproque. Leur mise était simple et uniforme, faite pour écarter de leur esprit toute préoccupation de toilette : une blouse serrée à la taille par une ceinture, tel fut leur vêtement en toute saison jusqu'à la fin de leurs études.

Les vacances venaient interrompre leurs travaux sans rien changer à la simplicité de leur vie. Toujours attentif à éloigner ce qui favorise les goûts de luxe et développe dans le jeune âge l'avidité précoce et malsaine

du plaisir, M. de Bretenières ne voulut pas
pour ses enfants de distractions mondaines. Il
demanda la détente nécessaire de l'esprit et
du corps à des voyages où se retrouvait encore l'empreinte d'austérité propre à toutes
les parties de cette virile éducation. Ces
voyages se faisaient à pied, sac au dos, le
marteau et le chalumeau du géologue à la
main. Le père et la mère elle-même s'asso-
ciaient intrépidement à ces fatigantes excursions, qui duraient un ou deux mois. Ils gra-
virent ainsi en neuf ans la plupart des
sommets, et parcoururent presque toutes les
vallées de la Suisse, de la Savoie, des
Vosges. Les aventures ne manquaient pas à
la petite caravane, et défrayaient au retour
les conversations du foyer. Nous rapporterons ici la plus remarquable, bien qu'elle ait
eu lieu longtemps après l'époque dont nous
parlons, lorsque Just avait déjà passé une
année au séminaire d'Issy. Une lettre qu'il
écrivait à son ancien précepteur, le 28 septembre 1860, en contient le récit piquant, et
le lecteur y trouvera cette pointe de franche
gaieté qui était un des charmes du caractère
de Just.

« Sans autre préambule, lui dit-il, j'en

viens à vous transcrire un passage extrait de
la *Gazette du Haut-Rhin*, journal qui paraît
à Belfort trois fois par semaine, et que vous
ne recevez probablement pas :

« Avant-hier (samedi 22 septembre) ont
« été arrêtés, en la gare de notre ville, les
« auteurs présumés du vol sacrilège com-
« mis jeudi dernier dans l'église de Fresse-
« en-Comté. Ils pensaient éviter les re-
« cherches de la police en s'enfuyant vers
« la Suisse; et c'est avec d'autant plus de
« raison qu'ils sont également soupçonnés
« de l'assassinat commis il y a quelque
« temps sur la ligne de Paris à Mulhouse.
« Ces individus sont au nombre de trois.
« L'un, qui se dit le père, est de taille
« moyenne; il porte les cheveux et la barbe
« blancs et courts; il paraît âgé de cin-
« quante-cinq à soixante ans et n'avoir rien
« perdu de son adresse et de son énergie.
« Le second est grand et élancé; il a sans
« doute dérobé un vêtement pour se dégui-
« ser, car sa veste est courte et semble
« n'avoir pas été faite pour lui. Le troi-
« sième, que l'on peut regarder comme le
« plus jeune,[1] est aussi déguisé, mais en

[1] Just, quoique l'aîné, paraissait plus jeune que son frère.

« costume ecclésiastique ; on le voit, car sa
« soutane est trop longue, et il est obligé de
« la relever avec sa main pour ne pas la
« laisser traîner. Ils sont munis de mar-
« teaux et de ciseaux ébréchés et de divers
« instruments qui témoignent contre eux.
« Ils se sont laissés arrêter sans résistance
« et n'ont cessé de faire des questions pour
« savoir de quoi ils sont accusés, feignant de
« l'ignorer complètement et protestant que
« leur arrestation est l'effet d'une méprise.
« Ils ont été tout de suite entourés de cinq
« gendarmes qui les ont conduits, à travers
« les rues de notre ville et au milieu d'un
« grand concours de monde, d'abord à la
« gendarmerie, puis chez M. le juge d'in-
« struction, et de là au Palais de justice.
« On les a entièrement fouillés, et l'on a
« trouvé sur tous les trois des couteaux-
« poignards. Après avoir subi chacun plu-
« sieurs interrogatoires, le prétendu père a
« demandé à se mettre en communication
« par le télégraphe avec M. le maire de
« Dijon, dont il dit être bien connu ; il a
« ajouté que lui et plusieurs de ses parents
« ont appartenu à la magistrature de cette
« ville.

« Comme le mandat d'arrêt et le signale-
« ment sont partis du parquet de Lure,
« c'est en cette dernière ville que l'affaire
« doit être jugée. La journée étant trop
« avancée pour que les prévenus pussent y
« être transportés ce jour-là, les agents de
« la force publique s'apprêtaient à les con-
« duire à la maison de détention, lorsque
« M. le juge d'instruction a obtenu qu'ils
« seraient seulement gardés à vue dans un
« hôtel, par considération pour le vêtement
« respectable dont le plus jeune est revêtu.
« Ils ont été sans cesse accompagnés par
« deux gendarmes, qui ne sont pas sortis
« de leur chambre pendant toute la nuit...
« Le lendemain dimanche, les trois prévenus
« ont demandé à ne pas être conduits à Lure
« à pied et par la correspondance, mais par
« le chemin de fer, s'offrant à payer eux-
« mêmes les frais. On les a donc conduits à
« la gare et enfermés dans un wagon avec
« deux gendarmes. A leur arrivée à Lure,
« ils ont été reçus par une brigade de gen-
« darmerie tout entière. Il leur a fallu tra-
« verser péniblement une foule compacte
« accourue sur la place de la gare et avide
« de voir les auteurs de crimes si horribles.

« De là ils ont été conduits au Palais de jus-
« tice. Notre correspondant de Lure ne nous
« envoie aucun détail sur la suite de cette
« affaire, dont nous tiendrons nos lecteurs
« au courant dans nos prochains numéros. »

« Je pourrais vous faire grâce de ces prochains numéros, ajoutait Just, car le soussigné, qui est un des trois prévenus, a été
élargi ainsi que ses deux complices, la méprise ayant été reconnue. »

Dans ce récit pittoresque, tout est vrai,
excepté la provenance. La lettre suivante
nous révèle le plaisant artifice. « Je m'attendais bien à vous faire rire avec notre
mésaventure ; cependant je dois dire que
j'ignore s'il existe une *Gazette du Haut-
Rhin*, l'article cité étant de ma façon. »

L'épilogue de l'histoire n'est pas moins
curieux. Le curé de Fresse avait cru bien
faire de profiter du prône pour joindre ses
anathèmes aux malédictions de la population contre les voleurs. Quand l'identité
de ceux-ci eut été constatée, le cardinal
Matthieu, qui avait pour la famille de Bretenières la plus affectueuse estime, écrivit au
fougueux pasteur une lettre de reproches,
et l'obligea à faire réparation d'honneur, du

haut de la chaire, aux victimes de la calomnie.

En dépit du côté comique de l'aventure, Just avoua plus tard à l'un de ses confrères du séminaire des Missions, qu'il avait souffert de voir l'habit qu'il portait livré au mépris, mais qu'en même temps il avait ressenti une vraie joie à faire ainsi l'apprentissage des insultes et des mauvais traitements.

Mais revenons à l'enfance de Just et aux voyages de vacances. Les hardis marcheurs en rapportaient encore autre chose que de piquants souvenirs. Initiés de bonne heure aux sciences naturelles, ils enrichissaient, chemin faisant, leurs collections de roches, de minéraux, de fossiles, d'insectes et d'oiseaux. Ces collections étaient, durant toute l'année, l'objet de leurs soins incessants. Plus tard, pour étendre leurs connaissances, ils visitèrent les cabinets d'histoire naturelle, se mirent en rapport avec les savants, et acquirent dans cet ordre d'études une instruction peu commune. Le savant M. Charles d'Orbigny, qui avait été leur initiateur en géologie, déclara un jour qu'il n'avait plus rien à leur enseigner quant à la détermination des roches, et les fit recevoir tous deux membres de la *Société géologique de France,* ne voulant laisser à personne la joie de leur servir de parrain.

Just était celui des deux frères qui semblait apporter le plus d'entrain à ces distractions instructives. L'amour qu'il témoignait pour ses collections paraissait profond et naturel. On découvrit depuis que c'était surtout chez lui affaire de conscience et sagesse précoce. Il avait compris la pensée de ses parents, il entrait dans leur dessein et s'appliquait à faire aimer à son frère ce qu'il savait lui être utile. Un jour, lorsque déjà sa vocation nettement dessinée faisait présager un prochain départ, son précepteur le vit très occupé de ses roches et de ses oiseaux et, comme pour le tenter, lui dit : « Et pourtant il faudra peut-être quitter tout cela. — Oh! répondit Just, ce ne sera pas difficile. Vous ne voyez donc pas que c'est à cause de mon frère et de mon père que je m'en occupe? Cela les amuse tant! Cela les intéressera encore quand je n'y serai plus. » Aussi lorsque plus tard, du séminaire où il était entré, Just dirigeait par ses lettres et ses entretiens d'aîné la jeunesse encore indécise de son frère, ne cessait-il de lui recommander le soin des collections et, pour entretenir son intérêt, feignait de s'y plaire encore et entremêlait de conseils techniques ses exhortations à la piété.

Les voyages de vacances avaient encore pour Just un autre intérêt, connu de lui seul. Il y trouvait l'occasion de s'exercer d'avance aux rudes travaux du missionnaire. Cette vocation, dont il gardait encore le secret, était dès lors constamment présente à son esprit. Braver le chaud et le froid, la fatigue et la soif, c'était faire l'apprentissage de la vie d'apôtre. Aussi ne le voyait-on presque jamais s'asseoir dans les haltes, boire en passant aux fontaines, alléger son vêtement sous un soleil brûlant, ou se couvrir davantage en pénétrant dans un froid vallon. La récolte géologique était-elle abondante, il trouvait toujours le moyen de s'emparer des plus lourdes pierres et portait gaiement le sac le plus pesant. Autant il recherchait la peine, autant était-il ingénieux à éviter le plaisir. Quand il allait avec son frère à la chasse aux oiseaux pour enrichir sa collection ornithologique, il prenait rarement le fusil, prétextant sa vue basse, et se réservant la tâche de porter le gibier et d'empailler les victimes. Et pourtant lorsqu'il tirait par exception, son adresse paraissait en cela comme en tout le reste.

Aux études classiques les deux frères ajoutaient la culture des langues vivantes. Nous avons vu comment, de très bonne heure, ils avaient été mis en possession de la langue allemande. Ils ne cessèrent point de l'entretenir sous la direction de leurs parents, et y ajoutèrent une connaissance suffisante de l'anglais. Ils apprirent aussi le dessin et la musique. Just s'y adonna par obéissance, et sans beaucoup d'inclination. Ses connaissances musicales lui servirent au séminaire d'Issy, où on le chargea de tenir l'orgue. Il s'appliqua alors avec un vrai succès à l'accompagnement du plain-chant, suivant une méthode que lui avait enseignée le savant et saint abbé Leclerc, trop tôt ravi à la compagnie de Saint-Sulpice. Ce travail, où domine la science de l'harmonie, plut à son esprit sérieux, et le goût de la musique se développa chez lui par ce côté. Aussitôt qu'il sentit naître cet attrait, il s'en défia, et renonça bientôt à le satisfaire. Ainsi, à la différence des jeunes gens qui font tout par

amusement et par caprice, le sentiment
du devoir et l'esprit de sacrifice inspiraient
tous ses actes, et lui faisaient embrasser ou
quitter jusqu'aux occupations dont l'agrément est le mobile ordinaire.

Comment dès lors eût-il cédé aux en-
traînements des passions naissantes qui fer-
mentent dans tous les jeunes cœurs? Le témoignage de son précepteur, qui durant sept
ans ne l'a pas quitté, nous donne de sa vertu
l'idée la plus haute. D'un tempérament ner-
veux et sensible, il avait montré dans le
premier âge une crainte excessive de la
douleur. « La moindre souffrance l'épouvan-
tait, dit sa mère ; le vent froid effleurant ses
joues roses le faisait pleurer. » Mais à partir
de l'âge de douze ans, il devint dur à lui-
même, et l'esprit de mortification parut
dans tous les détails de sa vie, dans son
éloignement de la gourmandise, dans sa
promptitude à secouer le sommeil, dans son
dédain de la toilette, dans son application à
se faire oublier, dans sa disposition à laisser
la première place à son frère et à prendre
pour lui la tâche la plus ingrate. C'est à
peine si en sept ans le précepteur a surpris en lui deux ou trois échappées de la

nature, deux ou trois manifestations d'égoïsme, de sensualité ou de mauvaise humeur. En voici un exemple : Une fois on avait appris aux enfants un jeu de cartes, ils y avaient pris grand plaisir; on continua pendant quelques jours, après le dîner; puis survint une circonstance qui fit différer la partie. Just se plaignit, ne trouvant pas la raison suffisante pour se priver de cette distraction. Pour le punir de son impatience, on ne joua pas les jours suivants; l'habitude ne fut pas reprise, et personne n'en parla plus. Pour qu'une telle faiblesse ait paru digne de mention, il a fallu que le saint enfant eût accoutumé ses parents et ses maîtres à une rare égalité de vertu.

Nous hésitons à ranger parmi ses fautes le premier et le dernier mensonge qu'il ait fait dans sa vie, car cette fois il fut plutôt victime de l'erreur d'autrui. Cet enfant si pur fut un jour accusé d'une faute grave par une personne qui le surveillait. Just ne se sentait coupable de rien, et ne comprenait même pas ce qu'on voulait dire. Cependant l'accusateur, convaincu qu'il était coupable, exigeait un aveu. L'enfant céda pour éviter une extrémité fâcheuse dont on le menaçait.

On eut encore le tort de lui extorquer la
promesse de n'en rien dire à sa mère. Dix
ans après, lorsqu'il était déjà au séminaire
des Missions, Just n'était pas consolé de
cette faiblesse. Il en fit alors l'aveu à sa mère,
ne pouvant se pardonner d'avoir menti
et de lui avoir caché quelque chose, bien
qu'il l'eût fait dans une bonne intention.

Ces témoignages d'une vertu déjà émi-
nente nous dispensent de relever des traits
plus communs qu'on eût remarqués chez
un enfant ordinaire : son recueillement dans
la prière, son goût pour les cérémonies
du culte, le plaisir qu'il trouvait à servir
la sainte messe, à orner les reposoirs de la
Fête-Dieu, sa dévotion tendre envers la
sainte Vierge. Tout au plus ferons-nous res-
sortir un caractère qui distinguait sa piété :
c'était le zèle. Il ne lui suffisait pas d'aimer
Dieu, il voulait le faire aimer. Tout jeune,
il exhortait son frère et lui faisait de petits
sermons que l'autre, dans sa naïveté, écoutait sans surprise, mais dont plus tard il ne
pouvait se souvenir sans admirer la grâce
précoce d'apostolat accordée à cet enfant.
Comme la vue d'un saint prêtre le comblait
de joie, la rencontre d'un prêtre tiède le

remplissait de tristesse. « Comment ce prêtre n'a-t-il pas plus de zèle ? » disait-il d'un air affligé.

Ainsi se passèrent les années de l'enfance et de l'adolescence. Vers la fin de 1856, Just, âgé de dix-huit ans, se rendit à Lyon pour y subir l'examen du baccalauréat ès lettres. Une étourderie le fit échouer, et sa vertu parut encore dans le calme parfait avec lequel il accepta son échec, bientôt réparé d'ailleurs par un examen brillant, où il eut la joie d'avoir son frère pour compagnon de succès. Les loisirs dont il put disposer ensuite furent consacrés à une étude plus approfondie de l'allemand. En même temps qu'il se rendait maître de la littérature classique, il remontait aux origines de la langue, et étudiait les poètes primitifs. C'est alors que, aidé de son frère, il entreprit et conduisit au terme la traduction d'un ouvrage en deux volumes du Dr Neumayer, sur *l'Art chrétien*. Ce travail donna lieu à une correspondance entre les traducteurs et l'auteur, auquel les deux jeunes gens rendirent une visite à Fribourg-en-Brisgau, l'année suivante. M. Neumayer se trouva fort surpris de voir de jeunes Français

manier si bien sa langue. Il fut surtout
frappé de la maturité d'esprit, des connaissances philologiques, historiques, philosophiques, dont l'aîné fournissait la preuve
dans sa manière de parler et d'interroger.

Just cependant, ses études terminées, ne
semblait pas se préoccuper d'une carrière,
et personne ne lui en parlait; car chacun,
son frère seul excepté, soupçonnait ce qui
se passait dans son âme. Vers l'automne de
1857, sur l'avis de son directeur, il déclara
à ses parents son intention de quitter le
monde. Il voulait la mettre à exécution sans
délai, et revêtir aussitôt l'habit ecclésiastique. M. et Mme de Bretenières n'étaient
pas de ces chrétiens qui honorent le sacerdoce au dehors, mais qui en repoussent
l'idée pour leurs propres enfants. Un souci
plus digne de leur grande foi retenait sur
leurs lèvres la parole de consentement. Just
avait sur son frère un ascendant considé-
rable; celui-ci, âgé de dix-sept ans seulement, et beaucoup moins formé alors que
son aîné, n'avait-il pas besoin d'être soutenu quelque temps encore par son exemple
et par ses conseils? Un délai de deux ans
fut demandé à Just. Il se soumit au vœu de

ses parents, et dès lors ne parla plus de sa
vocation. Durant les deux années promises,
il fut pour son frère l'ami le plus dévoué,
le plus vigilant, fortifiant les conseils par
l'exemple, et obtenant tout de lui par le
double crédit de sa vertu et de sa tendresse.
Il préparait alors avec lui l'examen de la
licence ès lettres, qu'il ne comptait pas subir; mais il se faisait un plaisir d'intéresser
ainsi son frère au travail.

C'est pendant cette période, en l'année
1858, que M. de Bretenières conduisit ses
deux fils à Francfort, où le comte de Cham-
bord s'était rendu, et qu'il eut la joie de les
lui présenter. Just, d'ordinaire si éloigné du
monde, ne montra en cette circonstance ni
timidité ni gaucherie. Comme toujours, le
fond chez lui emportait la forme. Et parce
qu'il gardait pieusement dans son cœur les
traditions de fidélité et de respect qui avaient
honoré ses aïeux, il se trouvait à l'aise dans
la manifestation de ces sentiments. Son habituelle placidité fit place à l'enthousiasme,
quand il eut le bonheur d'approcher un
prince qui représentait pour lui tout ce
qu'il honorait; au retour, il laissait percer
dans ses entretiens le regret de n'avoir

pas l'occasion de se dévouer pour son roi.

Le terme du délai approchait. L'automne de 1859 se passa en excursions dans les vallées des Grisons. Just rompit de nouveau le silence, et fit comprendre à ses parents qu'il était temps pour lui de suivre sa vocation. Il avait vingt et un ans; déjà il se trouvait en retard pour terminer les études sacrées avant l'âge du sacerdoce. Cette fois il ne rencontra aucune résistance. Mais quelle était au juste cette vocation?

Dans la pensée de Just, c'était alors la vie religieuse dans l'ordre de Saint-Dominique : la vie religieuse, car depuis son jeune âge son âme était éprise des conseils évangéliques : mais pourquoi l'ordre de Saint-Dominique? C'était le seul ordre avec lequel il se fût trouvé en rapports : on ne voyait guère, à cette époque, d'autres religieux à Dijon : le voisinage de Flavigny attirait l'attention sur l'œuvre du P. Lacordaire ; tout enfant, Just avait rencontré plusieurs fois l'illustre restaurateur des Frères prêcheurs. Un jour celui-ci avait dit à Mme de Bretenières en montrant ses deux fils : « Il faudra que vous nous en donniez un. » Une autre fois, sollicité par la pieuse mère de bénir ses enfants, il s'y était refusé; mais, serrant Just sur son cœur, il avait dit ensuite tout bas : « Celui-là est déjà béni. » Ces circonstances pouvaient avoir exercé quelque influence, sinon sur le fond de la vocation de Just, du moins sur la forme particulière qu'elle revêtit d'abord dans son esprit. Mais ce qui dominait tout en lui c'était le désir, j'allais dire la passion de la vie apostolique. Il savait que les Dominicains avaient des missions dans l'Extrême-Orient : son dessein arrêté, — on l'a su depuis, — était dès lors de demander à y être envoyé. Toutefois il ne s'expliquait pas encore là-dessus, et ne parlait que d'entrer dans l'ordre.

Joignant ici comme en toutes choses la sagesse à l'abnégation, ses parents craignirent qu'un tel choix ne fût pas assez dégagé de toute influence humaine. Son directeur partageait cette appréhension. Il fut décidé que Just irait à Paris consulter un guide pleinement désintéressé. On l'envoya à M. Carrière, supérieur général de la compagnie de Saint-Sulpice, qui conseilla une année au moins de séjour au séminaire d'Issy pour étudier et mûrir le projet conçu. Cette décision causa quelque peine au pieux

jeune homme; toutefois il s'y soumit avec
sa docilité ordinaire, et se prépara joyeusement à entrer au séminaire.

Son frère ignorait tout encore, il fallut
lui apprendre la grande résolution. Cette
communication lui fut faite un soir, dans
une promenade aux portes de Dijon. Il la
reçut en silence, et l'obscurité ne permit
pas de suivre sur son visage l'impression
douloureuse qu'il en ressentit; mais son attitude recueillie et les quelques mots qu'il
prononça ensuite, firent comprendre à sa
mère que lui aussi il offrait un sacrifice.

Pour inattendue que fût cette ouverture,
elle ne surprit guère celui qui, depuis sa
naissance, avait été l'inséparable compagnon de Just. Cette gravité précoce, cette
douceur, cette abnégation, ces façons d'agir
si différentes de celles des autres enfants,
tout ce que jusque-là son frère avait mis sur
le compte d'une certaine originalité, trouvait maintenant à ses yeux sa raison d'être.
« Le jour, dit-il dans ses notes, se faisait
tout à coup pour moi sur cette existence que
je n'avais jamais bien comprise; je n'eus
pas l'ombre d'un doute sur la solidité de
cette vocation. Je reconnus si clairement

dans le passé de mon frère l'appel de Dieu d'un côté, de l'autre une constante et fidèle correspondance à la grâce, qu'au lieu de le détourner d'un parti qui me privait de mon meilleur ami, je ne pus m'empêcher de l'encourager vivement dans sa résolution. »

Les effusions de la tendresse fraternelle charmèrent ainsi et firent paraître bien courtes les dernières semaines passées ensemble au foyer. Une circonstance retarda la séparation en prolongeant les apprêts du départ. M. et Mme de Bretenières venaient de prendre le parti d'aller s'établir à Paris, pour offrir à leur plus jeune fils les ressources des hautes études, tout en le mettant à même de recevoir encore les bons conseils de son aîné.

La douce vie de la famille prenait fin. Pour Just et pour les siens, s'ouvrait une ère de sacrifices qui devaient se succéder jusqu'à l'immolation suprême

CHAPITRE II

Le 19 novembre 1859 marque une date,
non seulement dans la vie de Just, mais
dans celle de son biographe : c'est le jour
où ils se rencontrèrent ; c'est le point à
partir duquel ses souvenirs personnels viennent se mêler à ceux que des mémoires
pieusement fidèles avaient recueillis et dont
il n'a été jusqu'ici que l'interprète.

La rentrée du séminaire de philosophie,
que dirige à Issy la compagnie de Saint-
Sulpice, avait eu lieu le 5 octobre. Retenu
à Dijon par les circonstances que nous avons
fait connaître, Just trouvait donc cette pieuse
communauté en pleine activité d'étude et de
prière. C'était l'avant-veille de la fête principale de la maison, la Présentation de la
sainte Vierge. C'est grande joie, ce jour-là,

parmi les fils et parmi les disciples d'Olier. Tous ceux qui sont engagés dans la cléricature y renouvellent la consécration qui les a séparés du monde, et redisent au pied de l'autel ces paroles qu'un apostat célèbre y a prononcées un jour avec eux, et qu'il a tristement parodiées depuis, en prétendant en avoir gardé et ennobli le sens : *Dominus pars hæreditatis meæ.* « Dieu est désormais mon héritage[1]. »

Just, encore revêtu de l'habit séculier, regardait avec un œil d'envie les heureux aînés qui l'avaient précédé dans le sanctuaire. Mais parmi ceux qui déclaraient ce jour-là n'avoir plus d'autre part ici-bas que le Seigneur, combien avaient autant de droit que lui de s'approprier ce fier langage?

Celui qui écrit ces lignes n'oubliera jamais l'impression qu'il reçut de sa première rencontre avec le futur martyr. Son corps, d'une haute stature, respirait la force et la santé; son visage, d'une pâleur mate, accusait un tempérament énergique; son front élevé, encadré d'une chevelure ondoyante,

---

[1] Renan, *Souvenirs d'enfance et de jeunesse.*

était plein de noblesse ; la bouche, trop grande, nuisait, il est vrai, au charme de ses traits ; mais les yeux, d'une douceur infinie, laissaient passer des éclairs de vaillance, et la franchise du regard unie à la modestie gagnait du premier coup la confiance.

Le milieu où pénétrait le nouvel aspirant au sacerdoce a été trop souvent décrit pour qu'il soit nécessaire de le faire connaître au lecteur. A cette époque, l'ancien pavillon de Marguerite de Valois n'avait pas encore vu de vastes constructions modernes s'appuyer au flanc de ses vieux murs. On retrouvait, comme aujourd'hui, dans ses salles basses, dans la dorure éteinte et dans les peintures effacées de ses lambris, ce mélange d'élégance et de misère qui fait la joie de l'artiste sans assurer le bien-être de l'habitant ; mais à ce contraste ne venait pas s'ajouter celui des deux corps de bâtiment qui, dans leur raideur altière, semblent dédaigner l'antique demeure et lui signifier son congé[1].

----

[1] Le lecteur comprendra que nous parlons ici le langage du sentiment. Ceux qui prennent charge de la jeunesse ont d'autres préoccupations et d'autres devoirs. L'insuffisance et la vétusté des bâtiments rendait une reconstruction né-

Quant au parc qui s'étage en gradins jusqu'aux terrasses élevées de la *Solitude,* ou s'étend de plain-pied jusqu'aux charmilles où s'abrite le sanctuaire de *Lorette,* il gardait et conserve encore, avec les souvenirs de Tronson, de Fénelon et de Bossuet, l'aspect austère et charmant que rien ne saurait ôter à ces beaux lieux, témoins depuis deux siècles de tant d'efforts cachés, de vertus secrètes, de prières ignorées.

Issy est le vrai noviciat de la vie ecclésiastique. La réputation de Saint-Sulpice y attire les recrues trop rares que le sacerdoce contemporain fait dans les familles aisées, et jusque parmi les hommes faits que saisit au milieu de la vie le sentiment du néant des choses. Mêlés au contingent plus nombreux des adolescents qu'une vocation moins extraordinaire y amène au sortir du petit séminaire, ces tard-venus de la cléricature subissent sans résistance la douce fascination d'humilité et d'enfance volontaire qu'exerce la simplicité évangélique; en même

cessaire; et parmi les enfants de Saint-Sulpice, il n'en est pas un seul qui ne se sente reconnaissant à l'éminent supérieur auquel le Saint-Père accordait récemment un magnifique témoignage, d'avoir pourvu d'une façon si ample et si digne aux besoins présents et futurs de l'éducation cléricale.

temps et sans le savoir, ils réagissent heureusement par l'autorité de leurs exemples sur de jeunes vertus plus habituées à suivre le courant qu'à tendre au but par l'effort personnel. Ainsi la sagesse des uns se pénètre de candeur, et la candeur des autres s'enrichit de virilité, et l'échange qui se fait entre frères ajoute au charme des souvenirs que les uns et les autres emportent à travers la vie de ce séjour enchanté.

Just n'était pas de ceux qui cherchent à se soustraire à de telles influences : il s'y livra tout entier, heureux de ce qu'il recevait, ignorant tout ce qu'il apportait, pénétré de respect non seulement pour ses maîtres, mais pour le dernier de ses condisciples, et ne se doutant pas de l'ascendant qu'il prenait dès le premier jour sur tous ceux qui l'approchaient. Là-dessus pourtant le témoignage de ses contemporains est unanime, et ceux qui en déposent avec le plus d'admiration se trouvent être à la fois les meilleurs et ceux qui ont pénétré le plus avant dans son intimité.

Comment décrire l'emploi de son temps au séminaire ? Il suffirait de relire le règlement de Saint-Sulpice et d'ajouter après

chaque article : « Just l'observa parfaitement. »
Le silence, la ponctualité, l'application à la
prière et à l'étude, la charité fraternelle,
l'obéissance et le respect inspirés par la foi,
l'abnégation cachée sous la gaieté, voilà tout
ensemble l'idéal du jeune clerc et le portrait
de Just. S'élevant du premier coup au-
dessus des sympathies et des antipathies
naturelles, cet écueil de la vie en commun,
il aimait tous ses frères et ne laissait deviner
que deux sortes de préférences : l'une pour
les moins parfaits et les moins agréables afin
de leur faire du bien, l'autre pour les plus
fervents afin de se sanctifier à leur contact.

Tout d'abord la vie du séminaire lui apporta une surprise, j'allais dire une décep-
tion : il la trouva trop douce. Habitué par
son éducation à une existence virile, exercé
déjà par l'effort de sa volonté à la pratique
du sacrifice, il s'attendait à trouver, en quittant le foyer paternel, les austérités du
cloître, et l'on peut dire qu'au début elles
lui manquèrent. Bientôt il comprit tout ce
que l'esprit et la lettre du règlement offrent
à une nature soumise d'occasions de s'immoler, et il sut se mortifier en secret au lieu

de regretter tout haut l'absence de mortifications.

Le travail est plein d'attrait pour les esprits
sérieux ; mais la continuité de l'effort, l'ari-
dité des matières, la simplicité sévère des
formes scolastiques, la multiplicité des exercices qui morcèlent à l'infini le temps de
l'étude, et sacrifient sans cesse l'intérêt de
la recherche commencée aux exigences du
règlement, voilà plus qu'il n'en faut pour
faire pénétrer dans l'emploi des heures stu-
dieuses, ou le dégoût, ou l'esprit de renoncement, suivant qu'une âme est éprise d'elle-
même ou de Dieu. Just sut profiter de cette
épreuve, et peut-être même, dans l'inexpérience de son zèle, dépassa-t-il la mesure
que tant d'autres ne savent pas atteindre.
Empressé à regagner ce que son entrée
retardée lui avait fait perdre, en même
temps qu'il se maintenait aux premiers
rangs de ses condisciples, il crut encore
devoir à la charité de se faire le maître
d'un de ses professeurs, qui lui avait demandé des leçons d'allemand. Tant d'efforts à la fois, joints au travail de sa formation spirituelle qu'il poursuivait avec
énergie, aux soucis de cette grande déli-

bération intérieure qui l'avait amené à Issy, et dont la solution allait décider de sa vie, tout cela réuni excéda ses forces : il fallut bientôt le renvoyer chez ses parents pour quelques semaines. Son frère profita avec joie du loisir forcé qui lui rendait le compagnon de ses travaux. Mais bientôt Just put regagner le séminaire et se remettre à la double tâche qui l'absorbait tout entier : sa sanctification personnelle et l'examen de sa vocation.

Avant de rendre compte de la façon dont il sut mener à bien la seconde partie de son œuvre, achevons de réunir rapidement les traits qui nous le montrent appliqué à s'acquitter de la première.

La conviction de Just était que jusque-là il n'avait rien fait pour Dieu. Un jour il avait entendu rapporter, dans une lecture spirituelle, ce mot d'un célèbre sulpicien du XVIIe siècle, l'abbé de Lantages : « Auprès des saints, nous ne sommes dévots qu'en peinture. » — « Que c'est vrai! s'écriait-il, nous n'avons rien fait. Mais il faut commencer sérieusement. »

De là cette sainte avidité avec laquelle il recherchait la société et l'entretien des séminaristes les plus vertueux. Aucun peut-être n'est entré plus avant dans ses confidences qu'un de nos communs condisciples, dont nous pouvons parler librement, car sa mort prématurée nous affranchit du secret dont son humilité nous eût fait une loi. Le P. Guérin, d'origine lyonnaise, mort dans la compagnie de Jésus avant d'avoir reçu le sacerdoce, était sorti de l'École centrale avec le diplôme d'ingénieur civil. Bientôt après il quittait le monde et venait, comme Just, demander au séminaire d'Issy le calme et la liberté nécessaires à la solution du grand problème de sa vocation. Alors qu'il était déjà résolu à entrer dans la milice de Saint-Ignace, les événements qui suivirent Castelfidardo le décidèrent à s'enrôler passagèrement dans une autre milice, et à offrir son sang au Saint-Siège avant de consacrer sa vie au service de l'Église. Il quitta le séminaire au mois de février 1861, pendant que Just y continuait sa seconde année: mais les quelques mois que les deux amis avaient passés ensemble avaient suffi pour sceller entre leurs âmes une union indissoluble. C'étaient de part et d'autre mêmes ardeurs de foi, même soif d'immolation, mêmes aspirations au martyre.

Écoutons le P. Guérin révéler lui-même à Mme de Bretenières, après la glorieuse mort de Just, quelque chose de l'intimité qui les unissait :

« Nous étions l'un et l'autre de passage à Issy, attendant l'heure de la Providence pour entrer, lui aux Missions étrangères, moi dans la Compagnie de Jésus... Bien avant de nous l'être communiqué, nous devinâmes notre mutuel secret, et nos entretiens s'en ressentirent.

« ... Nous parlions un jour du très saint Sacrement, et nous gémissions de voir combien la mémoire de ce bienfait occupe peu de place dans la vie des chrétiens. « Peut-on comprendre, disions-nous, que « l'homme soit assez ingrat pour refuser « quelque chose à un tel ami ? »

« ... Regarder une hostie consacrée, en- « tendre son divin appel qui invite à la con- « quête lointaine des âmes, et reculer, est-ce « possible ?... » À ces pensées l'émotion nous domine tous deux. Il fallut, avant l'heure accoutumée, rompre notre entretien ou plutôt aller l'achever chacun dans notre cœur aux pieds de Celui à qui l'on peut tout dire. Peu de moments après, je rencontrai mon ami au détour d'un escalier : sa figure était rayonnante de joie, ses yeux pleins de larmes. « Oh! merci, merci, me dit-il, que « notre conversation de ce soir m'a fait de « bien! »

Ainsi s'exerçait sur cette âme généreuse, par l'action directe de Dieu ou par celle des instruments de Dieu, l'attraction du sacrifice. Ainsi s'avançait chaque jour la grande affaire qui l'avait attiré au séminaire.

Nous avons dit qu'en y entrant Just avait deux pensées, l'une avouée, l'autre secrète, étroitement unies dans son esprit : la vie dominicaine et les Missions. La première de ces deux pensées ne faisait que donner un corps à la seconde. Y avait-il réellement, dans les circonstances qui avaient fait prendre à sa vocation cette forme, quelque chose qu'on pût attribuer plutôt à des influences naturelles qu'à l'esprit de Dieu? Il ne le pensait pas tout d'abord; mais pour rassurer ses guides, il avait consenti à l'examiner.

Or à mesure qu'il se livrait à cet examen, le doute qui lui avait été exprimé le gagnait de plus en plus. Bientôt ce doute se transforma en une certitude opposée à ses premiers attraits. Une seule chose lui paraissait résumer toute la volonté de Dieu sur lui : l'apostolat lointain. Était-il assuré, s'il entrait dans un ordre établi en France, d'être un jour et bientôt appliqué à ce ministère? Nullement. Le religieux, par sa profession même, renonce à disposer de l'emploi de sa vie. Dès lors le séminaire des Missions étrangères semblait la voie tracée par la Providence pour suivre un appel de jour en jour plus clair et plus décisif.

Ces délibérations intérieures, dont son directeur spirituel était le seul confident, occupèrent toute la première année de son séjour à Issy. C'est vers la fin de cette année scolaire, le samedi des quatre-temps de la Pentecôte, 2 juin 1860, qu'il reçut la tonsure en l'église Saint-Sulpice des mains du cardinal Morlot. Une violente attaque de rhumatismes, qui le cloua au lit pendant la retraite préparatoire, faillit le priver du bonheur de s'unir à ses condisciples dans ce premier pas vers le sacerdoce. Mais, le matin même de l'ordination, une amélioration subite lui permit de se joindre à eux, et chacun remarqua la joie ardente, le recueillement angélique du nouveau clerc pendant cette longue et solennelle cérémonie.

Six semaines après s'ouvraient les vacances, qui furent pour Just une occasion de montrer les fruits du travail intérieur auquel il s'était livré durant l'année écoulée. Malgré sa vive affection pour ses parents et pour son frère, il se sentait comme exilé hors du séminaire, et s'appliquait à en faire revivre la règle par sa fidélité aux pratiques de piété, comme il s'efforçait d'en conserver tous les avantages par la correspondance qu'il échangeait avec les plus pieux de ses condisciples.

Ses parents le conduisirent aux eaux de Plombières pour affermir sa santé éprouvée; c'est à la suite de cette saison thermale qu'il fit avec son père et son frère l'excursion dans les Vosges au cours de laquelle arriva la mésaventure que nous avons racontée plus haut.

Rentré au séminaire au mois d'octobre 1860, Just reprit avec joie les exercices de la vie commune. Son intimité avec l'abbé Guérin se resserra encore davantage. C'est au départ de celui-ci pour Rome, où il allait s'engager dans l'armée pontificale, que son ami lui succéda dans sa charge d'infirmier.

2*

Dur à lui-même et peu attentif d'ordinaire aux détails de la vie matérielle, Just n'avait peut-être pas beaucoup d'aptitude naturelle à ces fonctions. Mais la charité enseigne tout. A son école, il eut bientôt appris l'art de condescendre aux besoins et aux désirs des malades. Le zèle qui l'animait trouvait son compte dans l'exercice d'un emploi qui lui permettait d'échanger avec plusieurs de ses confrères des relations plus intimes, et d'accréditer par ses attentions délicates les conseils et les exemples de vertu qu'il leur donnait.

Dès le commencement de cette seconde année, le choix de Just était fixé en faveur du séminaire des Missions étrangères. Toutefois, sur le conseil de son directeur, il garda encore quelque temps sa résolution secrète pour la mûrir et ne s'en ouvrir qu'à ses parents et à son ancien précepteur. Encore ne la donnait-il pas à ceux-ci comme définitive. Mais une lettre écrite au précepteur le 21 février 1861 nous montre avec quelle énergie il s'attachait à ce généreux dessein.

« Je vous dirai, mais toujours sous le plus grand secret, que je tourne sérieusement au séminaire des Missions. N'en dites rien, d'abord parce que je ne prendrai pas définitivement mon parti avant trois ou quatre mois d'ici; ensuite parce que, même mon parti étant pris, je n'en dirai rien en dehors du petit cercle de la famille avant qu'il soit mis à exécution, afin d'éviter toute espèce de questions et d'observations, car je sais bien ce qu'on me dirait; tandis qu'une fois casé, *chantera qui voudra,* les choses n'en iront pas moins. Père et mère, à qui j'en ai déjà quelquefois parlé, n'y mettront pas d'obstacles. Si c'est là réellement la volonté de Dieu, je ne m'inquiète guère de la manière dont les choses s'accompliront. Tout se fera en son temps. »

Au mois de mai la décision était irrévocable: le moment était venu pour Just de la notifier à ses parents. Il le fit un jour de sortie, dans l'appartement qu'ils avaient loué rue de l'Est, en face de l'école des Mines.

L'entretien fut douloureux. M. de Bretenières voyait ainsi s'évanouir le reste d'espoir qu'il nourrissait encore de concilier les droits de la tendresse paternelle avec les exigences du zèle qui entraînait son enfant. Il embrassait du regard, pour lui et les siens, tout un avenir de souffrances, la séparation sans espoir de retour; pour Just, la dure vie du missionnaire, peut-être la mort dans les tourments; et il se sentait succomber sous le poids de l'angoisse.

Non moins affectée, mais plus soutenue par la grâce à cette heure terrible, Mme de Bretenières se montra digne de ces mères héroïques que l'histoire associe à la gloire des martyrs par l'acceptation sublime du sacrifice de leurs enfants. Tandis que son fils parlait, elle priait tout bas, et, fortifiée par la prière, elle remerciait Dieu d'avoir choisi le fruit de ses entrailles pour l'honneur d'un tel apostolat.

Après la première ouverture, il se fit un grand silence. Just, impassible en apparence, souffrait au dedans un violent combat. D'avance il s'était préparé à cette rencontre; il s'attendait à de vives objections, à une résistance désespérée, et il s'était armé pour la lutte. Voyant ses parents muets, il s'imagina qu'ils méditaient leur plan de défense, et il crut bien faire de prendre l'offensive. En quelques mots il rappela tous les motifs qui rendaient sa vocation certaine, toutes les précautions prises pour l'éprouver, toutes

les concessions faites pour en différer la décision. Ne serait-ce pas une grande présomption de révoquer en doute la volonté de
Dieu si clairement manifestée? — Le père
et la mère se taisaient toujours. De plus en
plus déconcerté par ce silence, Just eut
peur de faiblir, et, sous l'empire de cette
crainte, il alla trop loin. « Désormais, dit-il,
rien ne sera capable de me faire changer de
dessein. Je sais, ajouta-t-il, un élève des
Missions étrangères qui, n'ayant pu obtenir
le consentement de ses parents et craignant
qu'ils ne fissent jouer de hautes influences,
partit secrètement pour les pays infidèles
après quelques mois seulement de séjour au
séminaire. »

Le soupçon était blessant. M. et Mme de
Bretenières ne méritaient pas qu'on prît
contre eux de telles précautions. Ils ne rele-
vèrent pas un propos qui leur perçait le
cœur et comprirent qu'ils étaient en présence
d'une vocation irrésistible. Mais ce qu'ils
s'abstinrent de reprocher à leur fils, Just se
le reprocha plus tard. Que ceux-là osent le
condamner qui ne savent pas ce que c'est
qu'imposer, pour obéir à Dieu, de pareils
sacrifices à ceux qu'on aime, ni quelle vio-

lence il faut se faire à soi-même pour ne pas faiblir devant les larmes d'un père ou la muette consternation d'une mère.

Le jour même où avait eu lieu cette scène intime, 15 mai 1861, M. de Bretenières conduisait son fils au séminaire des Missions et le présentait au supérieur, qui était alors le vénérable M. Albrand. La volonté de Dieu était généreusement acceptée de tous ceux qu'elle immolait.

Just n'avait plus que deux mois à passer à Issy. Avec cette tranquillité d'esprit qui caractérisait son courage, on le vit s'appliquer à ses devoirs ordinaires, préparer son examen de philosophie, vaquer à ses fonctions d'infirmier, comme si rien d'important ne se fût passé pour lui. N'était-ce pas pour plaire à Dieu qu'il se faisait missionnaire? Et quel moyen meilleur de plaire à Dieu que de faire parfaitement la tâche de chaque jour?

Le 15 juillet 1861, Just quittait le séminaire d'Issy, et voici comment, après son martyre, le digne supérieur de cette maison, qui avait été en même temps son père spirituel, résumait dans une lettre à Mme de Bretenières l'histoire de ces deux années :

« Mes souvenirs de cette époque, dit-il, sont tout embaumés du parfum de sa vertu, mais elle offrait peu d'incidents : douce et égale, elle attirait à elle sans éclat et sans violence. On ne la jugeait extraordinaire qu'à la longue et par la réflexion. Voici ce que je trouve à son sujet sur notre registre des sorties : « De Bretenières Just, du 19 novem-
« bre 1859 au 15 juillet 1861 ; — a fait pen-
« dant deux ans l'édification du Séminaire
« par sa piété, et nos délices par une dou-
« ceur et une aménité incomparables. Ses
« bonnes qualités, perfectionnées par une
« excellente éducation reçue tout entière
« dans sa famille, le préparent à de grandes
« choses. » En écrivant ces derniers mots, continue M. Maréchal, je ne les comprenais pas. Plusieurs fois depuis j'aurais voulu les changer, comme peu en rapport avec les occupations pénibles et obscures d'un missionnaire. Aujourd'hui je les comprends, et je les laisse tels qu'ils sont. »

Avant d'aller frapper à la porte du séminaire de la rue du Bac, Just voulut satisfaire sa dévotion à la sainte Vierge par un voyage à la Salette. Il le fit en compagnie de celui qui écrit ces lignes. Les deux amis passèrent cinq jours ensemble en ces lieux solitaires, où les sévères beautés de la nature parlent à l'homme de la grandeur de Dieu, où les larmes de Marie invitent le chrétien à la pénitence et à la réparation. Les heures fuyaient rapides et douces, dans de longues prières à l'église, dans des stations prolongées près de la fontaine, dans des entretiens sans fin où les effusions de la piété et celles de l'amitié semblaient fondre leurs deux âmes en une et défier la séparation imminente par une union plus étroite que jamais. Souvenirs ineffables, que vingt-huit années n'ont pu affaiblir chez celui qui assistait dès lors aux puissantes transformations de la grâce dans le cœur de son généreux ami, et qui dans sa mort héroïque reconnaissait bientôt après le couronnement attendu d'une vie déjà sainte !

À la fin de leur séjour à la Salette, les deux pèlerins y furent rejoints par le frère de Just, qui venait de subir heureusement à Lyon l'examen de la licence ès lettres. En venant faire hommage à la sainte Vierge de son succès, il voulait aussi retrouver le plus tôt possible celui dont une vocation austère allait si tôt après le séparer. Au retour, les

deux frères s'arrêtèrent quelques jours à
Dijon; puis ils se rendirent à Paris, où les
attendaient leurs parents. Mais Just ne rentra pas à la maison paternelle. Il lui tardait
de prendre rang dans la famille des missionnaires; et, bien qu'il eût promis aux siens
de leur donner encore cette année quelques
semaines pendant les vacances, il voulut
d'abord se placer sous l'obéissance de son
nouveau supérieur, et faire connaissance
avec ses nouveaux frères.

C'est le 25 juillet 1861 qu'il fit son entrée
au séminaire de la rue du Bac. Accueilli
avec une cordialité fraternelle, il éprouva
une grande joie mêlée de quelque surprise.
L'aspect de cette fervente communauté dif-
fère assez sensiblement de celui du séminaire que Just venait de quitter. Ici c'était la
vertu naissante, presque enfantine encore,
empruntant beaucoup aux exemples d'une
régularité scrupuleuse, aux observances
multipliées de la discipline. Là c'étaient des
âmes déjà trempées dans l'épreuve, car nul
n'arrive jusqu'au noviciat des Missions lointaines sans avoir passé par de coûteux sacrifices. Plus de liberté dans les allures, une
fraternité plus familière, je ne sais quoi de

hardi et d'un peu rude dans les manières, voilà ce qui paraît au premier coup d'œil. Il faut un peu de temps pour découvrir sous cette enveloppe une grande solidité de vertu, une charité très douce, un recueillement très profond, un travail énergique de chacun sur soi-même, un grand zèle pour la perfection évangélique.

Just avait trop le sens des choses surnaturelles pour se laisser longtemps déconcerter par un simple changement d'apparences. Peu de mois après son entrée, il écrivait à son ancien précepteur : « J'ai cru, en arrivant ici, que j'entrais en compagnie de confrères bons vivants, bien gais, mais prenant la vie comme elle se présente, sans beaucoup de travail intérieur. Mais je me trompais bien. J'ai bientôt découvert et compris qu'une maison d'où doivent sortir des hommes aguerris contre le démon et solidement armés pour le vaincre, devait être de la part du bon Dieu l'objet d'abondantes grâces. C'est ce qui est en effet. Et si vous venez cet hiver ici, je vous raconterai bien des choses qui vous étonneront peut-être, mais qui montrent que la semence des saints est loin d'être perdue. »

Durant ce premier séjour qu'il fit à la rue du Bac, Just obtint de ses supérieurs la permission de sortir presque chaque jour pour aller dans sa famille, ou pour faire avec son frère des excursions géologiques aux environs de Paris. Le séminaire était en vacances, et le vénérable M. Albrand avait voulu ménager quelques consolations au cœur brisé des parents qui donnaient si généreusement leur fils à Dieu. Vers la fin du mois d'août, ceux-ci retournèrent au château de Bretenières ; Just les y accompagna. Ce devait être sa dernière visite aux lieux témoins de son enfance, car la règle du séminaire des Missions ne permet pas aux aspirants de passer les vacances hors de la maison de campagne que la communauté possède à Meudon. Rien dans son extérieur ne trahit à ce moment la moindre émotion, tant il était déjà maître de lui-même ; mais une lettre adressée à l'un de ses amis, à la veille de son départ, laisse deviner, sous la modération du langage, le combat qui se livrait dans son âme : « J'aurai tout spécialement besoin de vos prières pendant les quelques jours que je vais passer en Bourgogne. Bien des choses se réuniront pour me donner à combattre. Quelque joie qu'on ait à tout sacrifier au bon Dieu, la nature est toujours là, sa voix se fait toujours entendre. Aidez-moi par vos prières à franchir ce petit pas un peu pénible, afin que je commence par là à entrer dans l'esprit de détachement et d'abandon de toutes choses à Dieu. » Et ailleurs : « Mon désir serait d'être de retour ici au bout de dix ou douze jours, mais j'hésite si je ne dois pas accorder un peu plus à ces pauvres parents. J'aimerais mille fois mieux une opposition à combattre : je n'en rencontre point, mais je vois mon père dépérir dans le silence; ma mère est accablée, mon frère me raconte de bien pénibles détails sur l'intérieur. Dieu me fait la grâce de n'être aucunement ébranlé par cela; mais ce n'en est pas moins dur de savoir qu'on fait tant souffrir les autres. Vive Jésus! N'est-ce pas une assez grande récompense de savoir qu'on suit la volonté de Dieu? Priez pour mes parents. »

Durant les trois semaines environ que Just passa en Bourgogne, il ne montra rien aux siens de l'angoisse qui lui serrait le cœur. Voulant éviter avant tout de les attendrir et par là d'affaiblir leur courage, il se livrait avec une simplicité tranquille à ses anciennes occupations, rangeant ses collections de minéraux, empaillant des oiseaux, faisant mille recommandations à son frère, à son père, pour la suite à donner aux travaux géologiques, pour la rédaction des notes prises dans les dernières excursions. Jamais peut-être il ne témoigna prendre autant d'intérêt à ces doctes passe-temps qui avaient occupé autrefois ses loisirs, et qu'il voulait laisser à ceux qu'il quittait comme un moyen de tromper leur douleur. Mais ces industries ne parvenaient pas à chasser le nuage de sombre tristesse qui planait sur toute la maison. Parfois même la gaieté voulue de Just, contrastant avec la douleur peinte sur le visage de ses parents, causait à ceux-ci un redoublement de peine. On se parlait peu, et les apprêts de la séparation se poursuivaient au milieu d'un silence où venaient s'étouffer bien des larmes. Just voulut revoir tout ce qu'il allait sacrifier, les amis de sa jeunesse, les vieux serviteurs de la maison, l'église de Chalon, où il avait été baptisé, celle de Montcoy, où il avait fait sa première communion, le cimetière où reposaient ses grands-parents. Le jour du départ était arrivé. Toute la famille quitta le château de Bretenières au milieu d'un profond silence. Au sortir du village, Just, refoulant une émotion pour la première fois visible, laissa tomber ces trois mots : « Enfin c'est fait ! » Il reprit aussitôt son calme, et regagna avec ses parents le vieil hôtel de Dijon. Le 19 septembre au matin, il montait avec eux au sanctuaire de Fontaine-lès-Dijon, élevé sur les ruines du château où naquit saint Bernard[1]. Son frère, qui entendit avec lui la messe dans ce lieu[2], remarqua que l'évangile du jour contenait ces paroles de Notre-Seigneur : « Quiconque aura quitté pour l'honneur de mon nom sa maison, ou ses frères, ou ses sœurs, ou son père, ou sa mère..., recevra cent fois plus, et possédera en outre la vie éternelle[3]. » Just aussi avait relevé la coïncidence, mais

---

[1] Ce lieu vénérable, où Louis XIII fonda un monastère de Feuillants, a été racheté en 1840 par un vénérable prêtre, M. Renault, qui l'a cédé depuis à M. l'abbé de Bretenières, frère du martyr. Le culte de saint Bernard, interrompu depuis la révolution, y a été restauré; une société de missionnaires diocésains, dont fait partie le curé de Fontaine, dessert aujourd'hui le sanctuaire

[2] 19 septembre 1861, fête de saint Seine, abbé bénédictin et Bourguignon.

[3] Matth. xix, 29.

il ne fit part que deux ans après à son frère
de la consolation qu'il en avait ressentie.
Le soir du même jour, à une heure avancée,
il quitta la maison paternelle pour se rendre
au chemin de fer. A le voir tranquille et
souriant, on eût dit qu'il partait pour un
voyage ordinaire. Il venait pourtant de dire
l'adieu suprême aux espérances d'ici-bas.

CHAPITRE III

C'est le 21 septembre 1861 que Just entra au séminaire de la rue du Bac, pour n'en plus sortir que prêtre et missionnaire. Le lendemain c'était la fête de Notre-Dame des Sept-Douleurs. La piété du jeune aspirant se réjouit de cette coïncidence, qui plaçait sous le patronage de la grande Consolatrice l'affliction de ses parents et son propre sacrifice.

La communauté était encore à Meudon pour les derniers jours des vacances. Just fut autorisé par son supérieur à sortir presque chaque jour avec un professeur du séminaire d'Issy, grand ami de sa famille, et qui, chargé du cours de sciences, était heureux d'explorer en sa compagnie le bassin de Paris. Si l'on s'en rapportait aux lettres qu'il écrivit alors à son père et à son frère pour leur rendre compte de ses courses géologiques, on croirait que l'étude de cette science, où il excellait, tenait encore une grande place dans ses affections. Mais d'autres lettres à ses amis de Saint-Sulpice nous le montrent déjà entièrement détaché de ces satisfactions de l'esprit, et uniquement préoccupé de faire diversion aux sombres pensées qui obsédaient l'âme de ses parents. Dans cette vue, il pressa son père de faire avec son frère un petit voyage, sachant bien que sa mère saurait trouver dans la solitude et la prière ce qu'il conseillait aux autres de chercher dans la distraction. Voici en quels termes il la consolait dans ces premiers jours : « Je n'ai aucune inquiétude, et j'ai une grande confiance en la sainte Vierge, parce qu'il est impossible, quand on s'abandonne à elle tout à fait, qu'elle nous laisse aller dans l'abîme. Je pense, chère mère, que vous avez la même confiance. Car enfin rien ne vous occupe autant que vos enfants, n'est-il pas vrai? Mais, sans vouloir faire tort à votre bon cœur de mère qui nous aime tant, la sainte Vierge n'est-elle pas la meilleure de toutes les mères? Et s'il est impossible ici-bas qu'une mère reste sourde aux prières de son enfant, n'est-il pas à plus forte raison inouï que la Reine des mères, dont la gloire consiste précisément à donner et à bénir, refuse son concours à ceux qu'elle a enfantés spirituellement, et qui l'invoquent comme leur refuge?... Il est vrai qu'une telle confiance est difficile à acquérir, et qu'elle exige un grand acte de foi en même temps qu'un grand dédain de nos propres lumières; mais tout au moins pouvons-nous désirer ardemment de l'acquérir. Le désir est, avec la grâce de Dieu, le premier pas que nous pouvons faire; le fruit vient ensuite, c'est Dieu qui le donne comme récompense. Ainsi demandons-lui cette confiance, et il nous la donnera. »

Voilà le langage de la foi. Celui qui savait le parler si purement à sa mère, n'avait-il pas appris d'elle à le bégayer? Telle est la récompense des vraies mères chrétiennes.

Les vacances étaient terminées; les aspirants, revenus rue du Bac, entraient en retraite le 5 octobre. Just avait hâte, après tant d'émotions et de soucis, de plonger son âme dans le bain de la prière. Pour la première fois il fit une retraite selon la méthode de saint Ignace. Là plus de prédications ; tout se passe en silence ; quatre heures de méditation par jour tiennent lieu de sermons ; le reste du temps appartient à l'examen de conscience, à la lecture, à la réflexion, aux épanchements de l'âme devant le tabernacle ou devant l'image de Marie. Ceux qui n'ont pas expérimenté cette méthode ignorent ce qu'elle contient de ressources inattendues pour le développement de la vie spirituelle. On s'effraye à l'avance de ces longues journées à passer en face de soi-même : on se dit que si d'ordinaire on a tant de peine à vaquer pendant moins d'une heure à l'oraison mentale, on sera bien moins capable encore de soutenir cet effort pendant plusieurs heures chaque jour. Vaines appréhensions. Les *Exercices* sont, pour le retraitant, un guide plus sûr, un soutien plus efficace que tous les discours. Celui qui écrit ces lignes a vu des personnes étrangères à la piété, encore engagées même dans les liens du péché, mais désireuses de s'en affranchir, aborder courageusement cette épreuve et la traverser avec autant de facilité que de bonheur. C'est là, dans ce tête-à-tête avec Dieu, dans cette série admirablement combinée d'actes intérieurs, que l'âme retrouve la connaissance de sa fin, l'horreur du péché, la grâce infiniment douce du vrai repentir, puis le désir de suivre Jésus-Christ dans la voie qu'il nous trace par la succession de ses mystères. C'est là que se révèlent les desseins de Dieu dans le travail fécond de l'élection. C'est de là que le chrétien sort renouvelé, armé pour la lutte, embrasé d'ardeur pour le service du divin Roi.

Si les exercices spirituels produisent de tels effets dans une âme médiocrement préparée, pourvu qu'elle soit fidèle à la grâce du moment, quels fruits ne porteront-ils pas dans un cœur généreux, dès longtemps ouvert au divin amour et déjà initié aux joies austères du sacrifice? Telle était, nous le savons, l'âme de Just; aussi ne sommes-nous pas surpris de la ferveur extraordinaire dont témoigne sa correspondance au sortir de la retraite.

Mais « la ferveur, dit saint Ignace, consiste plutôt dans les actes que dans les sentiments et les paroles » : *Amor debet poni magis in operibus quam in verbis*[1]. C'est

---

[1] *Exercices spirituels*: Contemplation pour obtenir l'amour spirituel.

l'enseignement même du Sauveur : « Celui qui connaît mes commandements et qui les observe, c'est celui-là qui m'aime[1]. » Pénétré de cette vérité, notre aspirant se mit, sans perdre un moment, à ses nouvelles occupations. Toujours défiant de lui-même, il n'abordait pas sans crainte l'étude de la théologie. Le cours de dogme était fait alors, rue du Bac, par un seul professeur, et comme l'enseignement embrassait une période triennale, il n'arrivait qu'une fois sur trois que les nouveaux venus commençassent par les traités qui doivent servir d'initiation. Just rencontra, pour ses débuts, la partie la plus difficile peut-être de la théologie, le traité de la grâce; et il s'y appliqua avec cette humble fidélité qu'il apportait à tous ses devoirs. Mais ici encore l'étude, bien qu'ayant une relation très étroite avec sa vocation, si elle absorbait son esprit, ne possédait pas son cœur. Il s'en acquittait par conscience, et réservait le meilleur de son âme aux communications intimes avec Jésus-Christ.

Ce qu'il pratiquait pour lui-même, il le

---

[1] Joan. xiv, 21.

conseillait aux autres et savait proportionner ses avis à leur capacité spirituelle. Sa correspondance avec son frère est, à cet égard, un modèle de ce que peut inspirer le zèle des âmes. Durant la première année de son séjour au séminaire, la situation d'esprit de ce frère bien-aimé le préoccupe vivement. Il sait que l'oisiveté lui serait plus que tout funeste, et il ne cesse de le pousser dans la voie du travail. Il ne se contente pas d'exhortations générales; il entre dans les plus petits détails, et se ressouvient à propos de ses connaissances spéciales en histoire naturelle, pour tracer à l'étudiant un programme technique qui ne laisse rien à la paresse. Il est telle de ses lettres qui ressemble à une vraie consultation donnée par un géologue. La sûreté des souvenirs, la précision du langage ajoutent à l'autorité des recommandations par lesquelles le frère aîné stimule l'ardeur laborieuse de son cadet. De temps en temps l'accent de la piété se fait entendre au travers du langage scientifique : « J'ai oublié de te dire hier qu'au milieu de toutes les choses qui t'occupent, il faut te garder de perdre la pensée de Dieu. Ne te laisse pas trop aller aux sentiments qui te séduisent et que tu trouves beaux, sans voir si, pour les juger tels, tu pars d'un bon principe. Tu te rappelles que tu riais, il y a quelques années, quand je te parlais de la vanité des choses humaines. Cela ne m'empêche pas de t'en parler encore et d'insister. Oui, vanité, vanité, entends-tu bien? C'est sérieux. Pense à cela souvent. Je ne te fais pas de reproches, je te donne seulement un conseil, ou plutôt ce n'est pas moi, c'est Notre-Seigneur : il l'a dit tant de fois... Prie pour moi, car j'en ai encore plus besoin que tu n'en as de mes prières. »

L'année suivante, la note change, le travail n'est point oublié, mais la spiritualité tient une place de plus en plus grande dans les épanchements fraternels de Just. Il a senti dans l'âme de son frère ce travail de la grâce qui va bientôt aboutir à une vocation analogue à la sienne. Discrètement, sans aller plus vite que l'action divine, il attire cette âme si chère à la connaissance intime du Sauveur, il lui fait entrevoir le prix du renoncement et du sacrifice. La troisième année, Christian est au séminaire d'Issy; le futur apôtre se sent à l'aise pour lui parler du divin amour : il le fait avec

une chaleur communicative qui va parfois
jusqu'à l'éloquence; puis, au milieu de ces
effusions, il s'arrête, comme confus du rôle
qu'il a osé prendre; et une vivante leçon
d'humilité vient ajouter une nouvelle force
aux brûlantes exhortations parties de son
cœur.

Telle était, dès les premiers mois de son
séjour au séminaire, la solidité de la vertu
de Just. En sacrifiant à son attrait pour les
missions lointaines ses premières aspirations
à l'état monastique, il n'avait pas perdu
l'esprit de sa vocation primitive; et sa plus
grande joie, en entrant rue du Bac, avait
été de retrouver dans cette sainte communauté comme l'équivalent de la vie religieuse.

« Il y a une chose que j'aime beaucoup ici,
écrit-il à un de ses condisciples d'Issy, c'est
qu'on y pratique la sainte pauvreté. Le séminaire ne reçoit que des aumônes et point
de pension. L'aspirant est logé, nourri, entretenu par le séminaire. Tout ce qu'il a,
tout ce qui se trouve dans sa cellule, livres,
meubles, vêtements, lui est fourni par la
maison ou lui vient du dehors à titre de
cadeau. Que je suis heureux de ce régime,

qui me rapproche un peu de celui d'un couvent et qui établit une communauté de biens entre tous! Quel bonheur de pouvoir se dire : « Je mange le pain de l'aumône! »

Nous verrons bientôt jusqu'à quelle perfection Just porta l'amour et la pratique de la pauvreté. Mais nous en sommes encore aux premières semaines de son séjour au séminaire. Déjà sa vertu a fixé les regards de tous ses condisciples : pour lui il se considère comme un intrus dans la société des saints. Ses lettres sont pleines de l'admiration qu'excite en lui la vue de tout ce qu'il découvre. « Jusqu'à présent, écrit-il à un prêtre du diocèse de Dijon, je me confirme de plus en plus dans la pensée que le bon Dieu m'appelle au ministère dans les missions étrangères ; chaque jour fortifie en moi cette pensée... Le temps passe, pour moi, avec une extrême rapidité et sans plus de préoccupation que si je ne devais jamais quitter le sol natal. D'ailleurs il ne faut pas croire que la perspective de cette séparation vienne ici le moins du monde assombrir les esprits. Au contraire, il n'est peut-être pas de communauté où la gaieté franche règne aussi ouvertement. Le bon Dieu récompense déjà les premiers sacrifices et le désir de plus grands par une entière tranquillité d'âme. Et plus la fin du temps d'épreuve approche, plus la divine Providence s'empare de ces cœurs qui depuis longtemps se donnent à elle, et les remplit d'une simplicité, d'une suavité enfantine qui étonnerait, s'ils en étaient témoins, tous ceux à qui Dieu ne fait pas la grâce de comprendre le bonheur d'un tel état.

« Notre-Seigneur répand aussi parmi ces futurs apôtres une charité dont il est impossible de ne pas être frappé, même à première vue. Ici l'on est plus que frères, on forme un seul tout, et l'on peut bien dire que directeurs et aspirants n'ont qu'un cœur et qu'une âme, mêmes pensées et mêmes désirs. Ce vif amour que saint Jean l'Évangéliste recommandait tant à ses disciples unit tous les membres de cette communauté... Il faut ici des vertus plus grandes que partout ailleurs, l'humilité, l'abnégation, le dévouement. Eh bien, elles s'y trouvent, et à un degré si haut, que moi, pauvre commençant, je puis à peine les comprendre. »

Il y eut même un instant, vers le début

de son séjour rue du Bac, où le spectacle de ces grandes vertus devint pour lui une épreuve, une sorte de tentation dont il a fait plus tard la confidence à sa mère. En considérant devant Dieu la sainteté de ceux auxquels il allait associer sa vie, en mesurant les mérites de ces directeurs, dont plusieurs avaient confessé la foi sous le rotin et dans les supplices, il avait éprouvé une impression d'effroi. Était-ce une défaillance passagère de la nature devant la perspective des sacrifices à faire? Était-ce l'effet d'une disposition à la fois timide et modeste qui le faisait habituellement douter de son aptitude aux choses qu'il s'agissait d'entreprendre? Peut-être était-ce l'un et l'autre. Mais l'hésitation ne dura guère. Just comprit que Dieu l'avait laissé un moment au sentiment de sa faiblesse pour lui donner une occasion de faire acte tout ensemble et de générosité et de confiance. Ramassant alors toute son énergie, il s'élança vers les sommets qui lui avaient été montrés, et ne se souvint de son infirmité que pour exiger davantage de cette volonté qu'il avait donnée à Dieu et qu'il venait de trouver chancelante.

Les souvenirs de ses anciens condisciples,

aujourd'hui missionnaires en diverses contrées, nous permettent en effet de reconstituer le programme héroïque qu'il se traça
dès lors et auquel il est demeuré invariablement fidèle. Selon lui, l'aspirant devait faire
de toutes ses actions une préparation à la
vie apostolique. L'apôtre est pauvre: il embrassa sur l'heure la plus étroite pauvreté.
Il ne voulut plus rien porter qui ne vînt de
l'aumône; partageant entre ses confrères le
peu de linge et d'effets qu'il avait apporté,
il reçut désormais de la charité des supérieurs tout ce qui était à son usage. Il n'a
plus qu'une soutane, il la porte jusqu'à ce
qu'elle tombe en lambeaux, après avoir été
rapiécée vingt fois: son linge de corps est
usé, déchiré: un pauvre n'en voudrait pas,
il le porte encore. On donne à choisir aux
aspirants dans un lot de chapeaux assez
convenables, parmi lesquels il s'en trouve
un fort mauvais, en feutre grossier; c'est
celui-là qu'il prend, il n'en aura pas d'autre
jusqu'au départ, si bien que le couvre-chef
du père de Bretenières deviendra légendaire
dans la maison.

Un jour son rabat est tellement hors
d'usage, qu'il songe à en demander un autre;

mais entre temps il en découvre un parmi les balayures dans le corridor du séminaire : « Celui-là vaut mieux que le mien, » dit-il; et il se l'approprie.

L'apôtre est sans cesse sur la croix; Just a résolu de s'aguerrir à la souffrance. A-t-il pratiqué les macérations en usage dans les ordres religieux? Ceux qui l'ont le mieux connu n'en ont pu rien savoir; mais ses préférences sont évidemment pour les mortifications qui peuvent le préparer à la rude vie du missionnaire. Dès la première année de son séjour au séminaire, il prend l'habitude de coucher tout habillé. L'hiver, il met la paillasse par-dessus le matelas pour avoir un lit plus dur; l'été, il couche sur le carreau. S'il rentre baigné de sueur ou trempé par la pluie, il néglige de changer de vêtements. Ce n'est pas chez lui affectation d'austérité : il veut s'aguerrir. Le missionnaire ne doit pas faire état des intempéries. L'éducation virile qu'il avait reçue le rendait capable de supporter de telles épreuves. Parfois cependant la mesure est trop forte. Aux vacances de 1862, après deux journées d'excursion géologique sous une pluie battante, couchant pour la seconde fois dans ses vêtements mouillés, il prit une fluxion de poitrine qui laissa derrière elle un rhume opiniâtre. Sa santé en fut un moment compromise. Sa mère remarqua que la fraîcheur de la jeunesse disparut dès lors de son visage altéré, et fit place à une pâleur austère. Ses parents n'ont connu que plus tard la maladie aiguë à laquelle il avait échappé; quant à ce rhume chronique, il le leur cacha de son mieux, évitant pendant trois semaines de recevoir leur visite pour ne pas laisser voir le piteux état où il était réduit. Cette indisposition prolongée n'interrompit d'ailleurs aucune de ses occupations ordinaires : « Je traîne depuis trois mois un rhume qui n'a pas l'air de vouloir me quitter de sitôt, écrit-il à son ancien précepteur; cela me fatigue bien un peu, mais c'est peu de chose. »

A mesure qu'il avance vers le sacerdoce, son amour de la souffrance augmente. A Meudon, il choisit pour cellule un réduit situé sous le toit; la chaleur y est si insupportable, que la nuit il est obligé de se relever pour chercher un peu d'air par l'étroite ouverture pratiquée dans le toit, et qui lui sert de fenêtre.

Il apprend aussi à vaincre le sommeil. Il

profite de la permission donnée à tous pour reculer son coucher jusqu'à dix heures. A Meudon, le règlement étant moins rigoureux, les occupations qu'il accumule le tiennent debout souvent jusqu'à onze heures. Néanmoins il est toujours sur pied à quatre heures, et en vacances il lui arrive souvent d'anticiper le lever de trois quarts d'heure.

L'apôtre est obéissant. Comme s'il regrettait l'obéissance religieuse, Just ne tarde pas à faire vœu d'obéissance aux mains de son supérieur et directeur, M. Albrand. Il lui soumet tout ce qu'il entreprend, études, œuvres de zèle, œuvres de charité, mortifications, visites, correspondance. Dès la seconde année c'est vraiment un homme mort à lui-même, rompu au sacrifice.

L'apôtre est en butte aux mépris. Just a l'âme fière et frémit à la pensée de l'humiliation ; ses lettres à ses amis de séminaire sont pleines de cet aveu. Mais il a résolu de ne jamais céder aux répugnances de la nature. C'est peu pour lui de chercher les emplois les plus humbles, les services les plus bas. Il ne se croira pas missionnaire tant qu'il n'aura pas été, comme les saints, en quête d'opprobres et de railleries. Un jour de promenade, traversant avec toute la communauté le quartier des Halles à Paris, il ajoute par une attitude singulière à la bizarrerie de son pauvre accoutrement, et savoure lentement les quolibets et les injures de la populace.

Les âmes mondaines ne conçoivent pas la mortification séparée de la tristesse ; pour elles une vie austère est une vie sombre et désolée. Il faut bien qu'elles se trompent en cela, car tous ceux qui ont sérieusement entrepris la guerre contre eux-mêmes se font remarquer par leur gaieté. Just ne fit pas exception à cette règle. Après une première année passée rue du Bac, alors qu'il marche déjà d'un pas rapide dans l'âpre chemin où il s'est engagé, il écrit à son ancien précepteur : « J'éprouve ici un sentiment que je ne ressentais pas à Issy ; je crois à chaque instant que je rêve ; je suis si heureux, que je ne puis me figurer que tout ce qui m'arrive soit une réalité. » Vers le même temps et comme pour nous montrer que la joie des saints ne les met pas au-dessus des faiblesses de la nature, il avoue à son frère qu'il a encore des instants d'a-

gonie intérieure à la pensée du suprême sacrifice : « Je ne puis penser sans frémisse-
ment, lui dit-il, au moment où il faudra
quitter pour toujours père, mère, parents,
patrie. Oh! comme je me sens de moi-même
incapable d'une telle immolation! Sans la
grâce de Dieu ce serait impossible. Mais j'ai
confiance : Dieu m'aidera. » N'est-ce pas le
cas de répéter après saint Ambroise : « Les
saints n'ont pas été d'une autre race que
nous, ils ont seulement été plus fidèles : » *Na-
turæ non præstantioris, sed observantioris?*

La fin de cette première année fut marquée
pour Just par une pénible épreuve. Entré à
la rue du Bac avec la tonsure, il s'attendait
à être appelé aux ordres mineurs pour l'ordination de la Trinité, comme c'est l'usage
à Saint-Sulpice. Il ignorait que les règlements
du séminaire des Missions exigent qu'on
passe une année entière sans recevoir aucun
ordre. Les appels eurent lieu, il n'y fut pas
compris. Cette omission, si elle n'eût pas été
réglementaire, pouvait signifier que les supérieurs ne le jugeaient pas apte aux travaux
apostoliques. Il en ressentit une extrême
amertume, dont il fit la confidence à son
frère.

« Voici deux jours, lui dit-il, que je suis sous
le coup de cette mesure qui me semble inexplicable ; car, en sondant mon cœur, je ne puis
parvenir à douter de ma vocation. Cependant,
avant d'interroger mon directeur et de lui
confier ma peine, je veux faire entièrement
à Dieu le sacrifice de mes aspirations, s'il le
faut, et m'en remettre à sa volonté. Je suis
toujours fort agité : il me semble impossible
de ne pas devenir missionnaire. Pendant les
nuits je ne puis dormir ; mais quand je me
sens trop troublé, je me mets à chanter tout
doucement quelque hymne ou quelque cantique en l'honneur de la sainte Vierge, entre
les mains de laquelle j'ai déposé mes intérêts ; cela me fait du bien et me rend le courage. Je me trouve alors mieux disposé à
faire tout ce que le bon Dieu voudra. » Ce
ne fut, ajoute son frère, qu'après avoir réduit son pauvre cœur, sinon à l'indifférence,
du moins à une complète résignation, qu'il fit
part de son chagrin à M. Albrand. Celui-ci le
rassura et lui donna l'explication du retard
qui renvoyait son ordination aux quatre-
temps de Noël.

L'année suivante, au moment où, dans
toute la joie de son âme, il se préparait à

prendre les saints engagements du sous-diaconat, une épreuve d'un autre genre lui fut ménagée. Trompé par d'étranges propos qu'il avait recueillis on ne sait où, un prêtre du diocèse de Dijon s'imagina que la vertu de Just n'était pas à la hauteur des promesses sacrées que l'Église demande à ses clercs avant de les engager dans les ordres majeurs. Il lui écrivit une lettre sévère, le traitant de téméraire pour son obstination à s'avancer dans une voie où Dieu ne l'appelait point, où le dépit seul le faisait marcher. C'était, lui disait-il, un avertissement qu'il ferait bien de considérer comme la voix même de Dieu, le rappelant au repentir et l'arrêtant sur le penchant de l'abîme. D'abord troublé de ce langage, Just une fois de plus interrogea son cœur : « Vous savez, mon Dieu, se dit-il, si mes intentions sont pures, et si j'ai jamais aimé autre chose que vous. » Il pria beaucoup, retrouva la paix, et franchit sans crainte la dernière barrière qui aurait pu le retenir dans le monde.

Quand une âme est entièrement donnée à Dieu, elle ne peut se résoudre à garder pour elle seule son trésor : la charité qui la possède la presse de le partager ; elle souhaite à tous ceux qu'elle aime le bonheur qu'elle a goûté. Parfois même l'inexpérience la porte à des instances que la discrétion condamne; mais ce défaut est bien excusable chez celui que le commerce des âmes n'a pas encore initié à leurs faiblesses, et qui n'a pas appris à discerner la diversité des voies providentielles. La correspondance de Just nous fournit un exemple de ce zèle peut-être intempestif, que les années auraient mûri. Mais comment ne pas admirer les paroles enflammées que l'amour de Jésus-Christ mettait sur ses lèvres?

Un ecclésiastique qu'il avait connu dans le monde avait essayé de la vie religieuse, et n'avait pu y persévérer: voué depuis lors à l'enseignement, il avait toujours reculé devant les responsabilités du sacerdoce, et en était resté aux ordres mineurs. Pieux d'ailleurs, nourrissant au fond de son cœur un vague regret de sa vocation primitive, il enviait la ferveur du jeune aspirant, sans pouvoir se résoudre à l'imiter. Si Just se fût contenté de l'exhorter à devenir prêtre et à se rendre utile à l'Église dans le saint ministère, il serait demeuré dans les limites de la prudence; car rien chez son ami ne

3*

semblait annoncer ni l'attrait ni les aptitudes que suppose l'apostolat lointain. Mais pour Just, être prêtre et être missionnaire, c'était tout un ; il ne concevait pas autrement le sacerdoce. « Quand je songe, disait-il un jour au sortir d'une église de Paris à celui qui écrit ces lignes, que dans trois ou quatre ans vous serez sans doute vicaire à Saint-Roch ou quelque chose d'analogue, cela me paraît étrange, et je ne comprends pas. » Après dix-huit mois de séjour au séminaire des Missions, alors qu'il se sentait plus que jamais entraîné par un appel irrésistible de la grâce au sacrifice de tout lui-même, cette disposition ne fit que grandir dans son âme. Il se persuada que l'ecclésiastique dont nous parlons étouffait en lui, par faiblesse ou par légèreté, une vocation pareille à la sienne, et il engagea avec lui une correspondance où se révèle l'ardeur de ses sentiments. Nous empruntons à la plus importante de ces lettres une citation dont personne ne nous reprochera la longueur; car, dans l'histoire des vrais serviteurs de Dieu, ce qu'il y a de meilleur ce sont leurs propres paroles :

« ... Je crois trouver dans votre lettre une

contradiction frappante. Vous me dites dans un endroit : « Suis-je donc du monde ? « Est-ce que j'estime quelque chose de « plus que, le ciel, de plus qu'une âme à « sauver? » Et ailleurs vous dites : « Au- « jourd'hui j'ai près de quarante ans, je suis « un homme qui a ses petites habitudes « de lever, de coucher, de boire, de man- « ger, etc. Eh bien! tout mon être frémit « à cette pensée!... je ne puis me ré- « soudre à vous suivre seulement à la rue « du Bac. »

« Que vous en semble? Ces deux choses-là peuvent-elles être vraies de la même per- sonne? J'ai de la peine à le croire...

« ... S'il pouvait être vrai que vous fussiez de ces hommes asservis à de misérables pe- tites habitudes, de ces hommes qui fré- missent à la seule pensée de devenir humbles et obéissants, que la seule pensée d'entrer dans une communauté effraye; si, par mal- heur, vous étiez de ces gens-là, je vous di- rais : Vous vous trompez si vous croyez que vous n'êtes point du monde, car c'est être du monde que de dépendre d'autre chose que de notre divin Sauveur. Vous vous trompez si vous croyez que vous n'estimez rien de plus que le Ciel; car celui qui n'estime que le Ciel n'estime rien autre chose et met bien sous ses pieds toutes ces petites commodités dont vous me parlez; celui qui n'estime que le Ciel écoute la voix de Dieu quand elle l'appelle, et ne dit pas : Je sens au dedans de moi quelque chose qui me pousse à aller avec vous en Chine ou en Cochinchine, et je ne puis seulement me résoudre à vous accompagner à la rue du Bac... Je vous dirai encore : Vous vous trompez, et vous vous trompez étrangement, si vous vous figurez que vous n'estimez rien de plus qu'une âme à sauver. Oh! celui qui connaît le prix d'une âme, et qui n'estime rien de plus que de travailler à la sauver, celui-là ne regarde guère à tout ce qu'il sera obligé de faire pour cela; il rirait d'étonnement si quelqu'un venait lui dire : Mais considérez que vous avez vos habitudes régulières de boire, de manger, de lever, de coucher, et qu'il faudra quitter ces habitudes. Lui viendrait-il seulement en pensée qu'en quittant cela il quitte quelque chose? Oh! celui qui connaît le prix d'une âme peut-il penser à autre chose? S'il y a une pensée au monde qui puisse pousser à faire

des choses insensées, n'est-ce pas l'amour
des âmes? car l'amour des âmes n'est point
séparé de la folie du saint amour pour
Notre-Seigneur. Et celui qui en est dévoré
est devenu fou; plus rien ne l'arrête, aucun
sacrifice ne lui coûte, que dis-je? il cherche
des sacrifices à faire, il se plaint de n'en
pas trouver, et il n'en trouve pas. Il croyait
qu'il trouverait un sacrifice à laisser sa famille, et ce n'est point un sacrifice, c'est un
holocauste de joie. Il croyait qu'il trouverait un sacrifice à quitter les lieux auxquels
il semblait attaché, à se séparer d'amis
avec lesquels il croyait ne faire qu'un, si
bien que vivre sans eux lui paraissait impossible; à rompre avec des espérances qui
sourient à tant d'autres; et ces sacrifices
commencent pour lui le paradis dès cette
terre. L'amour du bien des âmes emporte
ailleurs ses pensées; il traverse les mers
sans songer aux périls qu'il court, il bondira
de joie si Dieu le conduit en un lieu où
tout menace sa vie; il ne pourra retenir ses
chants d'allégresse s'il se voit exposé aux
persécutions, menacé du glaive, sans cesse
sur le point de mourir de faim, de fatigues,
de misères, d'angoisses; et avec tout cela il

croira qu'il ne souffre pas assez, parce qu'il y a des âmes qui sont devant lui encore sourdes à la grâce; il conjure Notre-Seigneur de le faire souffrir; c'est une soif dévorante, et rien ne l'apaise, parce qu'il est fou de l'enviable folie. Voilà ce que c'est que celui qui estime une âme à sa valeur. C'est le vrai serviteur de Dieu, c'est celui que Notre-Seigneur ne reniera pas au dernier jour. Ceux qui, par le mépris qu'ils auront fait des grâces, ne seront pas comme cela, je les plains, car leur dernière heure sera terrible. Et vous, de quel côté vous rangez-vous? vous qu'une pauvre petite habitude seule arrête, que la seule pensée de vous soumettre à la douceur du joug de l'obéissance rend sourd à la voix d'une pauvre âme qu'un peu de courage de votre part aurait sauvée de l'enfer! Je trouve cela bien sérieux, je ne sais si vous pensez comme moi.

« ... Vous me promettez de demander pour moi la grâce insigne du martyre, mais à la condition que je demanderai la même grâce pour vous. Eh quoi! pensez-vous que Dieu accorde une si grande faveur, une si précieuse récompense à celui qui ne veut pas lui sacrifier pour sa gloire quelques instants de son repos, tandis qu'il la refuse à des centaines de missionnaires qui se sont consacrés à lui, et qui ne gardent rien pour eux? Ce n'est pas à dire que Dieu soit injuste en ne leur accordant pas cette grâce; car quoiqu'il ne veuille pas qu'ils répandent leur sang pour lui, acquérant par là une immortelle couronne, il leur en réserve une autre non moins éclatante; le martyre de trente ans de missions, ou même beaucoup moins que cela, vaut bien le martyre du sang. Mais certainement Dieu ne prodiguerait pas la grâce du sacrifice sanglant à celui qui n'aurait pas voulu en faire d'autres auparavant. Mais savez-vous que le martyre, c'est l'acte héroïque de l'amour? Comment donc pourrait être martyr celui qui n'aime pas? Et ce n'est pas aimer que d'aimer autre chose que Dieu. Il me semble qu'à votre place, pardonnez-moi de vous dire cela, je rougirais de demander le martyre tant que je ne rougirais pas de refuser à Dieu le plus léger sacrifice. Pardonnez-moi ce que je vous dis, cher ami; mais je vous dis ce que je pense. Eh bien encore, je rougirais de m'approcher de la sainte table si, entendant

en moi une voix qui me pousserait à me
consacrer entièrement à Dieu, je lui répon-
dais : « Oui, mon Jésus, vous, vous vous
« donnez à moi sans réserve, sans condi-
« tions, vous consentez à descendre dans la
« pourriture de mon cœur, vous vous sou-
« mettez à moi ; seulement vous me conju-
« rez de me donner à mon tour tout entier
« à vous, sans arrière-pensée, sans restric-
« tions, et vous faites cela de la manière la
« plus douce, en me promettant votre amour
« pour récompense ; vous me parlez comme
« un ami à un ami, comme un frère à un
« frère ; vous me montrez tout ce que vous
« avez souffert pour moi, tout ce que votre
« amour pour moi vous a inspiré ! Eh bien,
« néanmoins, je ne veux pas répondre à
« votre douce invitation, je tiens à d'autres
« choses qui ne sont pas vous, je ne vous
« donne pas tout mon amour, j'aime encore
« mes commodités, mes habitudes ; j'y suis
« plus attaché qu'à vous ! »

« Voilà cependant ce que vous faites, cher
ami : je crois que je n'exagère pas. Vous
pensez peut-être que je me fais illusion ;
cependant j'ai peur que ce soit plutôt vous.
Vous me dites de vous parler franchement,

il me semble que je ne peux le faire plus,
et j'y suis porté uniquement par le désir de
la plus grande gloire de Dieu et de votre
plus grand bien.

« Que pensez-vous de ce que je vous dis?
Quelles réflexions cela vous inspire-t-il?
Que le bon Dieu vous soutienne maintenant,
et que sa miséricorde ne se lasse point!

« ... Au lieu de chercher des difficultés,
jetez-vous aux pieds du bon Dieu, humiliez-
vous devant lui, reconnaissez que vous n'avez
pas fait jusqu'à présent tout ce que vous au-
riez pu faire.

« ... Demandez-lui pardon de votre faiblesse, et puis reprenez confiance, relevez
votre courage, car le bon Dieu saura bien
vous donner tous les secours dont vous aurez besoin. Priez et priez beaucoup: c'est
dans la prière que vous trouverez le plus de
force. Je pense à vous tous ces temps-ci, je
puis presque dire, sans exagérer, jour et
nuit; de mon côté, je prie le bon Dieu autant
que je le peux, et j'ai une ferme confiance
qu'il va enfin vous tirer de votre torpeur.
Mais secouez-vous un peu, le bon Dieu vous
veut tout entier à lui, donnez-vous donc
sans réserve, et vous verrez quelle récom-

pense il vous donnera à son tour dès ici-bas. La récompense qu'il donne dès cette terre ferait passer par-dessus bien d'autres choses que tous les sacrifices du missionnaire! *Qui habet aures audiendi, audiat! Beatus qui intelligit!*

« Vous vouliez une longue lettre, cher ami; vous aurez lieu d'être satisfait sous ce rapport, je le pense. Dieu veuille que vous le soyez aussi sous d'autres! Je vois que j'aurais encore bien des choses à vous dire, mais notre bonne Mère saura vous les inspirer, et bien mieux que moi.

« Je termine donc : je ne veux pas cependant oublier de vous dire que je ne vous écris sous aucune influence étrangère, mais tout à fait de mon chef; tout ce qu'il y a de mal dans ma lettre est donc de moi. Maintenant voyez à vos pieds votre pauvre orgueilleux et misérable ami; il est toujours le même, ou plutôt il est encore plus méprisable qu'il ne l'a jamais été : c'est la vérité. Je ne sais comment j'ai pu vous parler ainsi que je viens de le faire; le seul désir de procurer votre bonheur a pu m'y décider. Mais ne vous faites pas d'illusions sur mon compte. S'il est vrai que vous ayez besoin de prières, j'en ai bien plus besoin encore que vous; car il faut que le bon Dieu soit aussi miséricordieux qu'il l'est pour me souffrir en sa présence dans cette maison. Il n'y en a point ici qui l'aient autant offensé que moi, et j'ai besoin de faire pénitence et surtout de demander sans cesse pardon. Priez donc beaucoup pour moi, à la vue de ma misère et de mon néant. La charité et l'affection d'un futur missionnaire doivent être aussi vastes que le monde, à l'imitation de celles de Notre-Seigneur. Vous pouvez compter sur une bien grande part de la mienne, car je ne sais pas ce que je ne ferais pas pour vous et pour votre bien. Tout à vous en Jésus et Marie. »

Cette lettre est du 12 juillet 1862. Celui qui l'écrivait avait vingt-quatre ans; il n'avait aucune expérience du monde; une année à peine s'était écoulée depuis son entrée au séminaire des Missions, et il n'avait pas encore reçu les ordres mineurs. Ces circonstances suffisent à excuser ce qu'on pourrait trouver d'intempérant dans son zèle, mais elles font aussi admirer davantage l'action de la grâce, qui en si peu de temps s'était emparée de cette âme fidèle au point de lui

rendre incompréhensible tout ce qui n'é-
tait pas le renoncement parfait, le parfait
amour.

Si tel était le zèle de Just pour attirer ses
amis à la vocation apostolique, on doit penser
qu'il en montrait encore un bien plus grand
pour initier et encourager ceux que cette
vocation plaçait près de lui au séminaire.
Tous ses anciens condisciples, aujourd'hui
missionnaires, en ont témoigné dans les
lettres qu'ils écrivirent à ses parents en
apprenant la nouvelle de son martyre. Nous
empruntons à l'une de ces lettres quelques
traits qui feront juger de tout le reste :

« Si j'ai eu le bonheur de conserver ma
vocation, je le lui dois après Dieu. J'entrai
au séminaire des Missions pendant le mois
de septembre 1863, et dès le jour de mon
arrivée je fus conduit à Meudon. Ce premier
jour, occupé par les visites à MM. les directeurs et à mes nouveaux confrères, se passa
sans ennui. Mais le lendemain matin, je me
trouvai seul et je me dirigeai vers le bois,
plongé dans les tristes pensées qui me tour-
mentaient après avoir quitté mes parents,
mes amis, et surtout ma mère, paralysée
depuis six ans... Tout à coup je fus re-

joint par votre saint fils, qui, avec un visage riant et affable, m'accosta, me questionna, m'écouta avec bonté ; et ses douces paroles eurent bientôt ramené le calme dans mon âme... Mais plus tard le trouble revint avec les tentations et alla toujours croissant. A la fin, cédant à l'ennui et à la peine, je m'arrêtai plusieurs fois à la pensée de quitter le séminaire sans oser en prendre la résolution. J'ouvris un peu mon cœur au P. B*** ; puis, par son moyen et par celui du P. D***, je fus mis en relations plus intimes avec votre fils. Lorsque le souvenir de mon pays, de ma famille, des personnes que j'aimais, et les tentations du démon menaçaient de m'abattre, je descendais chez lui. A quelque heure, à quelque moment que ce fût, il était toujours prêt à me recevoir, toujours affable, plein de douceur, de bonté et d'aimable gaieté. Il me faisait asseoir et s'asseyait avec moi sur son petit lit. « Petit fou, « me disait-il, vous voulez vous en aller, « vous voulez quitter le bon Dieu ? » Et il parlait des missions, du bon Dieu, du bonheur de le servir, du paradis, etc., d'une manière si suave, que je m'en retournais tout consolé et encouragé... Sa charité le portait à s'abaisser devant moi pour me relever, parce qu'il me voyait confus de mes tentations et de mes péchés. Il faisait même si bien par ses paroles, il se dépeignait tellement pécheur, que j'étais presque ébranlé dans l'idée que je m'étais faite de sa sainteté et tenté de croire qu'il avait péché dans sa jeunesse... Un soir que j'étais en promenade, Mgr Charbonnier, vicaire apostolique dans la Cochinchine orientale, nous racontait, après son départ, l'innocence de ses premières années... J'en fus frappé et ne pus m'empêcher de me dire : Le trompeur ! pourquoi voulait-il me faire croire qu'il était un grand pécheur ?

« Cependant, quoi qu'il pût dire, il ne réussissait pas à me persuader. Un jour, après le départ de quelques confrères pour les missions, me trouvant avec lui et un autre aspirant, je le tenais par la main tandis qu'il nous parlait de Dieu. Sa parole était si pénétrante, sa main si brûlante, que j'eus cette pensée : C'est l'amour de Dieu qui le brûle.

« Quand il fut parti, sa charité ne lui permit pas de m'oublier. Outre qu'il priait beaucoup pour moi, il m'écrivait, et ses lettres venaient de l'extrême Orient au fond de l'Anjou, où la maladie m'avait forcé de revenir, m'apportant son souvenir d'ami. J'ai de lui deux lettres où j'ai le bonheur de me voir ainsi appelé : cher petit Louis, mon bien cher petit Louis. L'une est datée de Notre-Dame-du-Soleil (Mandchourie), 19 avril 1865; l'autre de Séoul (Corée), le 10 août de la même année. Il y montre sa charité en témoignant la peine qu'il éprouve de me savoir obligé de retourner dans mon pays, m'invitant à bien profiter de la maladie et m'assurant qu'il priera pour moi. Après m'avoir encouragé, il ajoutait ces mots si humbles : « Et puis, priez aussi beaucoup « pour le pauvre misérable qui vous écrit, « dont le cœur est si froid, et qui travaille « si peu à faire oublier à Notre-Seigneur « ses ingratitudes. » Un mot de la seconde lettre montre en même temps son amitié charitable et son amour de la mortification : « Soignez-vous bien, la santé est bien né- « cessaire au missionnaire; les mortifica- « tions viendront en foule de tous côtés, « sans que vous ayez la peine de les cher- « cher. Voilà aussi pourquoi la vie de mis- « sion est si bonne. Adieu, écrivez-moi

« chaque année, et vive Notre-Seigneur dans
« nos cœurs ! »

L'amour des âmes ne connaît pas de barrières. Si ami qu'il fût de la solitude au
séminaire, Just saisissait avidement les occasions qui s'offraient à lui de s'appliquer
aux œuvres extérieures que l'obéissance et
les usages de la maison lui permettaient
d'entreprendre. Les deux principales furent
la visite des vieillards dans la maison des
petites sœurs des Pauvres de la rue Saint-
Jacques, et *l'apostolat des carrières*.

C'était une joie pour lui de passer quelques heures avec les pauvres vieillards,
d'écouter leurs histoires, de les consoler,
de les servir. La sympathie qu'il leur inspirait lui ouvrait leurs cœurs, et il se servait
de cette ouverture pour les porter à Dieu.
Il aimait et révérait en eux la pauvreté de
Jésus-Christ, et ne témoignait aucun ennui
de leur conversation. « Oh ! les pauvres, les
chers pauvres, s'écria-t-il un jour en sortant
de leur maison avec un de ses confrères, ne
sont-ils pas plus agréables à Dieu que
tous ces passants avec leur luxe et leur
vanité ? »

L'œuvre des carrières l'occupait davantage. Elle avait été commencée quelque temps avant son entrée au séminaire des Missions. La maison de campagne de Meudon n'est pas très éloignée des carrières de pierre d'où l'on extrait les matériaux qui servent aux constructions communes de Paris et des environs. Les ouvriers carriers employés à l'extraction passent presque toute leur vie dans ce travail pénible, et forment une catégorie à part dans la population de la banlieue. L'ignorance grossière où ils vivent favorise l'oubli de Dieu et tous les vices qui en sont la conséquence. Les directeurs du séminaire virent là, pour les aspirants, une belle occasion de s'exercer au ministère apostolique, et permirent aux plus fervents d'employer à cette œuvre les loisirs de leurs vacances et de leurs jours de congé. Just y fut initié par deux de ses confrères les plus aimés, et bientôt il devint à son tour leur modèle par l'ardeur de son zèle et l'action pénétrante de sa charité. On commençait par des paroles amicales, quelques questions techniques posées aux ouvriers sur leurs travaux. De là on s'insinuait dans leur confiance, on leur témoignait de l'intérêt pour leurs besoins. L'un des carriers était-il malade, avait-il un vieux père infirme, un enfant orphelin était-il à placer, les aspirants se mettaient en campagne pour subvenir de leur pauvreté à une pauvreté plus grande et moins volontaire. Les lettres de Just à ses parents sont pleines des appels tantôt discrets, tantôt pressants, qu'il leur adresse pour obtenir les moyens de tenir les promesses qu'il avait faites. Une fois en possession de la confiance de ces braves gens, on commençait à les instruire, à leur parler de Dieu, à relever vers le ciel leurs âmes courbées vers la terre et inconscientes de leur dignité. Just se faisait remarquer entre tous par la chaleur de ses exhortations. Mais toujours attentif à s'effacer devant les autres, il leur cédait volontiers la parole, évitait de la prendre le premier, s'interrompait tout court quand l'un d'eux voulait parler ou quand un carrier avait quelque chose à dire. Cette humilité, qu'il témoignait devant les hommes, prenait sa source dans une humilité plus grande qui l'abaissait devant Dieu.

« Avant d'aborder les ouvriers, disait-il à l'un de ses confrères, humilions-nous en présence de Dieu; reconnaissons que sans sa grâce nous serions plus ignorants et plus mauvais que ces pauvres gens. Et qui sait si, tels qu'ils sont, ils ne valent pas encore plus au regard de Dieu que nous, qui abusons de tant de grâces? »

Dans une lettre à ses parents, il laisse voir sa manière de procéder. « D'abord je me persuade, — ce qui peut fort bien être, — que ces gens-là peuvent valoir mieux que moi. Il faut même en être convaincu, non seulement au point de vue de la vertu, mais aussi au point de vue de la naissance, qu'il faut totalement oublier. Ce sont des hommes comme nous, enfants de Dieu comme nous, et nous devons parler et agir avec eux absolument comme leurs semblables... Je cherche à gagner une âme, je vois celui en qui vit cette âme fatigué de son travail, à bout de forces ou de moyens : je jette là mon chapeau, mon livre, je retrousse mes manches, je relève ma soutane, et, prenant le pic, la pince, le levier, je l'aide, je le soulage; souvent même je l'instruis sur la manière dont il doit s'y prendre. Je soulève sa pierre et la tourne avec plus de facilité ou d'intelligence que lui. Et quand il est persuadé que, bien que portant soutane, je suis un homme comme un autre, peu à peu j'élève son esprit, ses pensées, je lui apporte les lumières qui lui manquent en lui parlant de Dieu et de sa loi, je la lui fais connaître, et souvent je le convertis... Si j'étais à Bretenières je ferais de même, en commençant toujours par me bien convaincre que je ne vaux pas mieux que ceux à qui je m'adresse, et même qu'ils peuvent être meilleurs que moi : et ensuite je voudrais aller droitement, franchement, disant les choses avec simplicité, et montrant l'intérêt que ces gens m'inspirent, la charité avec laquelle je désire les amener au bien. » Une autre fois il revient sur cette pensée ; car il ne lui suffit pas d'être missionnaire lui-même, il veut que ses chers parents le soient : « Faites cela, écrit-il, avec les pauvres et les paysans de Bretenières ; laissez toute vanité, toute idée de supériorité, travaillez avec eux, servez-les, montrez-leur à mieux faire ce qu'ils font, et alors ils vous croiront quand vous leur parlerez du bon Dieu. »

Certes, ce sont là des conseils que peu de chrétiens sont capables d'entendre. Ils n'expriment pas moins que la plus haute perfection évangélique. Pour les suivre, il faut

déjà être mort à soi-même. Toujours est-il
que, s'ils semblent peu applicables, la faute
en est à la faiblesse de la vertu chez ceux
qui se disent disciples de Jésus-Christ. La
morale chrétienne, si elle était prise au
sérieux et pratiquée à la lettre, résoudrait à
elle seule ce qu'on appelle le problème social.

Mme de Bretenières a conservé le souvenir
d'un trait que nous rapporterons pour finir
ce qui regarde l'apostolat des carrières :

« Un jour des plus froids de l'hiver, il
était allé aux carrières avec le père D***. Ne
voyant pas parmi les auditeurs ordinaires un
vieillard habituellement fort assidu, et s'en-
quérant du motif de son absence, ils apprirent qu'il s'était abrité dans quelque creux
de roche, où la fièvre l'avait retenu. Les
futurs apôtres commencèrent des recherches
que l'obscurité de la nuit tombante rendait
très difficiles. Enfin, arrivés à une carrière
écartée, ils s'entendirent interpeller et me-
nacer avec énergie. C'était le pauvre homme,
qui croyait que des voleurs venaient attenter
à sa bourse et à sa vie, et qui cherchait à les
effrayer par des paroles de colère. Ils eurent
de la peine à se faire reconnaître ; ayant obtenu enfin la permission d'approcher, ils ne

virent d'autre moyen, pour empêcher le vieux carrier de mourir de froid, que de le charger sur leurs épaules, et, malgré les difficultés du chemin et les ténèbres de la nuit, de porter leur fardeau à l'hôpital de Sèvres. Leur tâche n'était pas achevée, il n'y avait pas de lit vacant; ils durent aller de porte en porte, demandant pour le malade un asile : ils trouvèrent enfin un logeur qui le reçut et, sur leur bonne mine, se contenta de cinquante-cinq centimes données en arrhes : c'était tout l'argent qu'ils avaient entre eux deux. Moyennant quoi, il promit d'attendre le complément du payement et la vacance d'un lit à l'hôpital. Il était plus de onze heures du soir quand les deux aspirants rentrèrent au séminaire. »

Nous avons réuni dans un même tableau quelques traits des vertus qui brillèrent dans notre aspirant. La vertu, en effet, est une habitude sainte : elle s'acquiert par des actes répétés, dont chacun peut sembler petit en lui-même et ne constitue pas un événement qu'on puisse raconter; c'est l'ensemble qu'il faut montrer pour rendre sensibles les effets du travail quotidien. Nous allons maintenant noter, suivant l'ordre chronologique, les principaux faits qui marquèrent les trois années du séjour de Just au séminaire des Missions. Le détail que nous en donnerons, emprunté à ses lettres, aux souvenirs de ses parents, de son frère et de ses condisciples, nous fera revenir plus d'une fois sur des choses que nous avons déjà touchées en passant. Le lecteur nous pardonnera des redites inévitables dans le récit d'une existence aussi peu fertile en incidents que celle d'un séminariste, et partout il retrouvera ce qu'il cherche dans cette histoire : l'édification.

La première année fut pour Just l'époque de ce qu'il appelait sa *seconde conversion*, la première ayant eu lieu, d'après lui, au séminaire d'Issy. Cette expression, familière aux saints, étonne les mondains; elle est pourtant d'une rigoureuse exactitude. Se convertir, c'est changer de voie. On se convertit quand on passe du péché à la grâce; le saint jeune homme n'eut pas besoin de cette conversion-là. Mais on se convertit encore quand on passe de la piété commune à une façon plus haute d'entendre les rapports de l'âme avec Dieu. L'entrée à Issy avait marqué pour Just un premier changement de ce genre; les premiers temps de son séjour rue du Bac virent s'accomplir en lui un second changement plus profond que le premier. Il voit plus nettement le but à poursuivre, il comprend mieux ce qu'il faut faire pour l'atteindre, et même dans les excès où l'inexpérience le fait tomber, on retrouve la trace de cette résolution décisive qui le pousse vers la perfection. Ainsi, ayant senti que l'humilité doit être la base de l'édifice spirituel, « il commença, écrit un missionnaire qui fut son condisciple, par un sentiment si extraordinaire de sa propre misère, qu'il se croyait indigne de se trouver au milieu de ses confrères; il m'a avoué qu'il n'osait plus alors lever les yeux sur eux. Il en résulta chez lui une telle contension d'esprit, qu'il en tomba malade. Ceux qui le soignaient remarquèrent bien que son mal avait une cause plutôt morale que physique. Un mot de son directeur le calma et le guida dans la voie de l'humilité. »

Ainsi encore il voulait à la fois préparer ses parents et se préparer lui-même à la séparation suprême. Dans cette vue, il essaya d'interrompre presque entièrement ses relations avec les siens. Mais bientôt il comprit qu'un tel dessein était incompatible avec le devoir filial envers un père et une mère qui ne résistaient pas à Dieu; et, sans rien relâcher de sa régularité, sans rien sacrifier de son travail et de ses œuvres, il accorda davantage à sa famille. Il reprenait souvent sur ses nuits le temps qu'il avait donné à ses parents.

Ainsi fut remplie la première année de séminaire. Quand, après les vacances de 1862, passées tout entières à Meudon, Just reprit le cours des études et des exercices accoutumés, un grand changement s'était accompli en sa personne. Si l'humilité était plus profonde, l'énergie avait grandi en proportion. Je ne sais quoi de résolu, de ferme, annonçait une vocation sûre d'elle-même. Comparé au séminariste doux et timide qui franchissait un an auparavant le seuil de la maison des missionnaires, on peut dire que c'était déjà un autre homme. Qu'ils sont rares ceux qui en douze mois savent parcourir un tel chemin! Ils ont compris ce que bien peu comprennent, et ce que le père Olivaint, un autre vaillant, formulait en ces termes : « Il faut moins de temps que de volonté pour faire un saint. »

L'ordination de Noël vit avancer Just aux

ordres mineurs. Il s'y prépara avec une ferveur extraordinaire, car derrière cette première initiation, et à quelques mois de distance, il entrevoyait la consécration définitive, le sous-diaconat.

C'est pendant cette seconde année que commença à se dessiner la vocation de son frère. Dès l'époque des vacances de 1862, il semble que Just en ait eu comme le pressentiment : car à propos d'un ami de Christian qui se décidait à quitter le monde, voici ce que son aîné lui écrivait : « B*** te laisse donc seul dans le monde, choisissant, lui, la meilleure part... Je pense que, à part la peine qu'a dû te causer la perspective de la séparation, tu as dû le féliciter d'avoir entendu la voix de Dieu l'appeler à cette vie infiniment plus douce et plus pleine de charmes que celle qu'il laisse de côté... Estime donc ton ami bien heureux, et si jamais tu entendais, toi aussi, la voix bénie de Dieu te convier aux mêmes faveurs, ah ! ne ferme pas ton oreille ; car si l'on te présente les bords de la coupe comme empoisonnés de fiel, sache que l'intérieur renferme une délicieuse boisson... Si les desseins de Dieu sur toi ne sont pas les mêmes qu'il a sur ton ami, humilie-toi devant lui...; embrasse cette vie du monde avec crainte...; en un mot, fais comme on ne fait pas dans le monde, tout en vivant dans son atmosphère empoisonnée, et fais comme fait le religieux, tout en n'ayant pas comme lui le bonheur d'être l'enfant privilégié de Dieu... »

Six mois après il fait un pas de plus, mais sans se départir de la discrétion qui craint d'anticiper sur l'action de Dieu : « Quant à tout ce que je t'ai dit sur ton travail, écrit-il, ne le perds pas de vue, c'est plus important que tu ne peux le comprendre. Laisse-moi te répéter cela souvent; je suis comme une cloche, je n'ai qu'un son : Vanité toute chose, si ce n'est aimer Dieu. Quel bonheur ce serait pour moi si, avant de te quitter, je pouvais, avec la grâce de Dieu, te faire entrevoir l'aurore d'un jour que tu ne connais pas encore! J'ambitionne cela mille fois plus pour toi que tous les brillants succès. Demande au moins de tout ton cœur à Dieu, chaque fois que tu fais la sainte communion, qu'il te fasse bien comprendre ce que c'est que vivre pour lui. »

Quelques jours après : « Tu es cette âme

dont il est parlé dans l'*Imitation*, je crois, et qui cherche, cherche toujours, sans se bien rendre compte de ce qu'elle fait, la place à laquelle la divine Providence la destine. Tu n'as pas encore trouvé le joint, *il faut que tu le trouves toi-même* avec le secours de Dieu. Cela viendra, sois tranquille; mais, pour y arriver plus tôt, ne perds jamais ceci de vue : Tout ce que tu croiras, hors de Dieu, capable de te satisfaire, ne te satisfera jamais. »

C'est vers le commencement de cette seconde année que Just fut admis à l'apostolat des carrières. Il annonce cette bonne nouvelle à l'un de ses anciens, déjà missionnaire à Siam, avec lequel, l'année précédente, il avait eu des rapports très intimes, et auquel il écrit souvent pour s'exciter à la ferveur par le commerce d'une âme sainte. L'humilité, le mépris de soi, l'ardeur des bons désirs, remplissent cette correspondance; on voit grandir, d'une lettre à l'autre, l'énergie de la volonté dans la poursuite de la perfection : « Chaque fois que vous me parlez d'aimer Jésus, lui écrit-il, je sens mes entrailles remuer, je sens croître mon désir de l'aimer: mais, hélas! il n'y a pas d'effets;

toujours la même lâcheté, la même ingratitude... Je comprends que je n'ai qu'une chose à demander pour vous et pour moi, l'amour. Oh ! *quis dabit mihi pennas sicut columbæ, et volabo?...* Père, il n'y a plus qu'un an avant que je sois prêtre. Comment sera-t-il possible que Jésus m'élève si haut, moi qui suis si pauvre et si plein d'ordures! Je ne sais comment prier: cette vue de l'avenir, chaque fois qu'elle se présente à moi, m'épouvante, et je sens déjà que je tremble. »

Nous pouvons noter ici un nouveau progrès. Un an auparavant, quand il tremblait, c'était à la pensée du grand sacrifice, de la grande séparation. Maintenant il ne s'en préoccupe plus : c'est le sacerdoce qui l'épouvante, parce qu'il craint d'en être trop indigne. Cette crainte, à la fois inspirée et combattue par l'amour, ne fera que croître dans son âme. Quelques semaines avant la dernière ordination que devait suivre de si près le départ, l'auteur de ce récit lui demandait un jour : « Just, qu'est-ce qui vous occupe le plus, l'ordination ou le départ? — Cette bêtise! répondit-il familièrement. Je ne pense qu'au sacerdoce; le départ, cela va tout seul. Mais songez, mon ami, songez que moi, moi, je vais dire la messe ! » Et son regard s'éclairait d'un feu inaccoutumé.

Dans une autre lettre au même missionnaire, nous retrouvons l'expression de son amour croissant pour la pauvreté : « Quand vous m'écrirez la prochaine fois, je désirerais, si vous le jugez à propos, que vous me dissiez ce que vous pensez de la pauvreté du missionnaire. Pour ma part, je n'ai jamais eu d'autre idée que d'embrasser un jour une vie pauvre non seulement d'affection, mais même effectivement. S'il y avait eu un ordre religieux *exclusivement consacré aux missions*, et dans lequel on eût fait vœu de pauvreté, je crois que c'est celui qui m'aurait le plus attiré. Chaque nouveau jour me donne plus d'ardeur pour désirer la pauvreté. Il me semble que toutes les lectures que je fais, tout ce que je vois et tout ce que j'entends me dit : Tu es fait pour être dépouillé de tout, dans la force du terme ; n'aie avec toi que ce dont on ne peut se passer, et prive-toi du reste. On me fait souvent des raisonnements pour me prouver qu'il suffit de la pauvreté affective ; mais il me semble qu'au fond de mon cœur je sens vivement quelque chose qui me dit d'aller plus loin, et tout ce que j'entends ne me convainc pas... Je me doute bien que je dis des bêtises, et que je parle de choses auxquelles je ne comprends rien. Les missions sans doute m'apprendront à pratiquer une pauvreté bien plus parfaite que celle que je désire et que je comprends. Je ne suis qu'un aveugle et un orgueilleux. »

De fait, un peu plus tard, Just reconnut que la pauvreté effective se trouve au degré le plus parfait dans la vie ordinaire du missionnaire. Voici ce que nous lisons dans les notes où Mᵐᵉ de Bretenières a consigné le souvenir des conversations de son fils pendant la dernière année : « Le missionnaire est plus pauvre que tous les religieux ; tandis que le chartreux sait que demain on lui donnera trois noix comme aujourd'hui, le missionnaire, mangeant son frugal repas, ne sait pas si le suivant est assuré. Il ne l'aura peut-être pas. Il ignore jusqu'où doivent s'étendre ses privations ; mais son cœur ne doit point s'émouvoir, ni son esprit s'inquiéter. »

Avec l'amour de la pauvreté, l'attrait du recueillement devient sans cesse plus vif dans son âme. Comme toujours, en révélant quelque chose des grâces de Dieu, il y joint l'accusation de sa faiblesse; mais l'humilité des saints ne sait pas parler un autre langage : « Je sens toujours de plus en plus vivement que Notre-Seigneur demande de moi un recueillement continuel qui ne me quitte pas au milieu de quelque occupation que ce soit. *Il est vrai que cette pensée me revient à chaque instant à l'esprit.* (Qu'est-ce que cela, sinon le recueillement véritable ?) Mais néanmoins elle ne suffit pas pour que je reste fortement uni à Notre-Seigneur dans le fond de mon cœur, surtout quand il se présente quelque action qui demande un peu d'attention et qui m'intéresse. » Mais une lettre écrite de Corée à un confrère, missionnaire en Birmanie, nous montre combien en réalité l'humble aspirant avait été fidèle à cet attrait : « Vous souvient-il encore de la bonne volonté que Dieu nous donnait au séminaire et du désir qu'ils nous inspirait de nous recueillir et de nous rapprocher de lui? Pour moi, quand je reporte mon esprit vers cet heureux temps, je me sens tout enflammé de bons désirs. »

Enfin le printemps arrive, et lui apporte

l'heureuse nouvelle de son appel au sous-diaconat. La joie déborde de son âme : « Il y a bien des années, écrit-il, que je désire voir arriver ce beau jour; ou, pour mieux dire, je n'ai jamais désiré autre chose. »

C'est le 30 mai 1863 qu'il fit le pas décisif. A ce moment ses parents sont à Paris; il est avare de lettres avec les personnes du dehors, tant il est jaloux de conserver le recueillement; aussi trouvons-nous peu de traces des sentiments de ferveur qui, au dire de sa mère, éclatèrent en lui à l'approche et à la suite de sa consécration. Mais les progrès de sa vertu, devenus visibles à tous les yeux, nous révèlent quelque chose du secret d'amour qui s'échangea alors entre son âme et Dieu.

L'année scolaire s'achève, les vacances ramènent la communauté à Meudon. Just est plus engagé que jamais dans ses œuvres de zèle; en outre il a conquis, à son insu, une grande autorité sur ses confrères, et il faut qu'il leur donne beaucoup de temps; enfin il en consacre plus que jamais à la prière. Sa correspondance avec ses parents se ressent de cette surcharge, elle devient plus rare; mais à chaque fois il s'en excuse tendrement. Son langage a perdu de cette raideur affectée par laquelle il cherchait autrefois à se préserver de la faiblesse. En même temps la vocation de son frère a mûri. Sous la direction douce et forte de Mgr de Ségur, auquel il a confié son âme, Christian a vu ses hésitations disparaître. Il est résolu à entrer, dès la fin des vacances, au séminaire d'Issy. Son aîné l'encourage et le guide par des conseils empreints de l'expérience des choses de Dieu. Tandis que le père et le fils vont faire ensemble un voyage géologique où l'intérêt et les avis de Just les accompagnent, celui-ci ne perd pas de vue le souci de leurs âmes. A son père il envoie des paroles pleines d'une tendre déférence, d'où la vigueur surnaturelle n'est pas absente ; il suppose dans ce cœur paternel toute la fermeté qu'il lui souhaite, et dissimule respectueusement l'exhortation sous les remerciements. A son frère il ne prêche plus comme autrefois le détachement et la vigueur ; il sait que l'heure qui précède les grands sacrifices est une heure de trouble et d'agonie, aussi n'a-t-il à la bouche que le souhait du Seigneur à ses disciples : *Pax vobis.* La paix, la paix, c'est le refuge de l'âme fidèle, alors que la ten-

tation gronde et que la défaillance menace.
Plus tard, quand Christian aura pris rang
parmi les lévites, Just saura retrouver
l'énergie de ses premiers accents; il aidera
l'âme de son frère à gravir les pentes escar-
pées de la vie parfaite: il le sèvrera parfois
lui-même des consolations les plus légitimes, par exemple, du bonheur de le voir
souvent et de mettre à profit les derniers
mois de leur voisinage. Mais à l'heure présente il ne songe qu'à mettre son cœur au
large.

C'est aussi la paix qu'il souhaite à sa mère;
mais il le fait en un langage plus austère,
parce qu'il la sait capable de le porter. Tandis que son mari et son fils voyagent, cette
généreuse chrétienne, à la veille de donner à Dieu son second et dernier enfant,
cherche la force dans la retraite. Just l'en
félicite :

« Notre-Seigneur vous a conduite lui-
même en vous mettant dans les mains les
Exercices de saint Ignace. Il n'y a plus qu'à
vous dire maintenant : Lisez et agissez en
conséquence. Il y a en effet bien des épines
dans cette voie; mais Notre-Seigneur ne l'a
pas moins suivie, pour nous donner l'exemple.

Hésiteriez-vous après lui?... *Surtout gardez la paix,* ne vous laissez pas troubler par tout ce qu'on vous dira ni par tout ce qui se fera autour de vous. Une seule chose est essentielle : aimer Dieu.

« *Priez sans cesse : je suis convaincu que Notre-Seigneur demande cela tout particulièrement de vous.* Mais ce ne sont pas des paroles qu'il faut, c'est le cœur qui doit prier. Encore n'est-ce pas pour la joie qu'on en retire qu'il faut prier; il faut aimer Dieu seul et quand même il ne nous en reviendrait aucun bien...

« Que la paix de Notre-Seigneur soit toujours avec vous, bien chère mère, et qu'il vous fasse la grâce d'être toute à Lui jusqu'à votre dernier jour! Adieu, bonne mère! »

Une autre fois, il lui écrit encore : « Vous devez vous trouver un peu seule; mais saint Jean-Baptiste vous apprendra que lorsqu'on est séparé des hommes, au moment où l'on se croit le plus seul, c'est alors qu'on l'est le moins. Il n'y a que ceux qui ne se sont pas donnés à Dieu qui se trouvent isolés quand ils ne peuvent pas converser avec les hommes. Pour un vrai chrétien, c'est bien le contraire. Tout le monde sait cela en théorie, mais bien peu en font l'essai ; *on se défie de la bonté sans bornes de la divine Providence,* on craint de trop compter sur elle, et l'on cherche des soutiens et des consolations en dehors d'elle.

« ... Le silence en présence de Dieu est la première condition pour faire quelques pas dans la vie spirituelle. *Vous êtes bien placée pour marcher dans cette voie...* Si vous preniez l'habitude de faire des retours sur vous-même plusieurs fois par jour, vous en arriveriez bientôt à le faire même en parlant à d'autres, en agissant. Et à la fin, à l'exemple de beaucoup de saints, vous le feriez sans cesse, et ce serait votre plus grand bonheur. Alors il n'y aurait guère de choses capables de vous troubler, comme il vous arrive quelquefois.

« Adieu, chère mère ; je vous dis tout cela je ne sais pourquoi. Vous en prendrez ce que vous jugerez bon pour vous. »

Les vacances étaient achevées. Just avait conduit son frère au séminaire d'Issy. L'un et l'autre allaient entrer en retraite. Au moment de s'enfermer pour goûter les délices de l'union avec Dieu, l'aîné pense aux épreuves morales qui attendent peut-être son cadet pendant ces premiers jours de solitude, et il lui envoie à la hâte ces lignes où respire, avec l'ardeur d'un apôtre, la tendresse d'une mère : « Ne t'étonne pas, cher ami, de recevoir ce petit mot de moi. Si je t'écris si vite après t'avoir quitté, c'est pour te redire encore une fois de ne pas t'effrayer si, pendant la retraite et les premiers jours de ton séminaire, le démon cherche à t'épouvanter par les tentations d'ennui et de regret du temps passé. Ne t'arrête pas à cela. Ne veux-tu pas tout faire pour l'amour de Dieu? Offre-lui donc toute espèce d'épreuves comme une oblation qui réjouira son cœur de Père. Sois toujours joyeux, quelles que soient les contrariétés et les dégoûts qui viennent t'assaillir.

« ... Eh bien, mon cher, donne-toi maintenant tout à Dieu; laisse aller à Lui ton cœur qu'Il te demande, qu'Il te supplie de lui donner! Ouvre-toi à Dieu, ouvre-toi à la grâce, mon cher enfant; ne regarde plus en arrière, oublie tout : tu commences le plus beau moment de la vie. J'ai peu d'expérience, mais crois qu'en ceci je ne me trompe pas.

« ... Prie aussi pour moi, mon enfant, j'en ai un extrême besoin, et ma seule ressource est dans la miséricorde de Dieu. »

Nous voudrions pouvoir citer désormais toutes les lettres de Just à Christian. Maintenant que cette âme est à Dieu, il veut qu'elle lui appartienne tout entière. Il n'a plus peur pour elle du trouble, et il lui prêche hardiment la ferveur. La lettre suivante, que nous citons presque en entier, donnera suffisamment l'idée de la direction qu'il cherchait à lui imprimer :

« Il faut que tu ne m'en veuilles pas, mon cher ami, si je ne t'écris pas plus souvent. D'ailleurs, pourquoi t'écrirais-je souvent? Tu me diras : « Tu as deux ans de plus que « moi, tu dois donc me prêcher. » Mais, tu as plus près de toi quelqu'un qui frappe à ta porte à chaque heure du jour, et qui ne demande pas mieux que de te prêcher, qui te supplie de l'écouter, de te tenir dans le silence pour l'entendre; — car la voix de Jésus ne s'entend que dans le silence du cœur.— Hélas! pour toi sans doute, comme pour moi, bien des années, ou, pour mieux dire, toute la vie s'est écoulée bien loin du bon ami de notre âme. Mais pour toi aussi comme pour moi, un moment heureux est arrivé; l'heure a sonné, que ce bon Maître avait marquée pour mettre un terme à notre éloignement. Et tous les deux nous sommes maintenant, je l'espère, en sa divine présence, le suppliant d'oublier notre ingratitude passée, et de nous admettre à l'aimer autant que nous l'avons peu aimé autrefois : *Erravi sicut ovis quæ periit : quære servum tuum, quia mandata tua non sum oblitus.*

« Après quoi donc courir, et qu'irions-nous chercher autre chose que celui qui te presse, qui me presse de nous réserver tout entiers pour lui? Vois-tu, il ne faut rien nous réserver, il ne faut donner à qui que ce soit la plus légère partie de nous-mêmes. C'est à Notre-Seigneur que nous nous devons tout entiers. Toute notre affection sera pour lui; celle que nous porterons aux autres sera aussi toute rapportée à lui. Il faut que cet amour que nous aurons pour lui, s'il daigne nous faire cette grâce, domine toute autre affection et pensée, en sorte que nous ne veuillions et ne désirions rien que par rapport à cela. Il faut faire tous nos efforts pour obtenir cet amour.

Notre nature nous tire toujours en bas vers les créatures, et il y en a certaines vers lesquelles il semble que nous soyons entraînés malgré nous, tant est vive l'affection qui nous porte vers elles. Mais voici où il faut que nous nous ouvrions à la grâce pour qu'elle agisse en nous. Il est bien aisé de remarquer si l'affection que nous avons pour quelqu'un vient de Dieu ou de la nature : si elle vient de Dieu, elle nous laisse calmes, et l'absence de cette personne ne nous donne aucune préoccupation. Au contraire, la préoccupation et l'absence de la paix intérieure sont une preuve que c'est la chair et non l'esprit qui parle.

« Attache-toi donc, mon cher ami, à ne poursuivre qu'une seule chose, c'est-à-dire Notre Seigneur; tout le reste, ce ne sont que des moyens pour aller à lui, et c'est comme cela qu'il faut en user. Si l'occasion se présente d'avoir avec quelqu'un un entretien qui porte à Dieu, — ce qui arrive quelquefois, et l'on sait au fond du cœur s'il en est ainsi, — alors, reçois cela comme un moyen que Dieu t'offre pour t'avancer vers lui, et rends-lui-en les actions de grâces. Si tu es privé de ce moyen, qu'est-ce que cela fait?

Notre-Seigneur y suppléera par un autre. Il n'est pas l'esclave des moyens, il en arrivera toujours où il voudra. Le tout pour nous, c'est d'être indifférent à tout et de ne désirer que ce que Dieu veut, d'être toujours en paix, de travailler sur nous-mêmes pour devenir, avec la grâce de Dieu, humbles et pleins d'amour pour lui... »

Quelque temps après, au mois de novembre 1863, et lorsque déjà il est appelé au diaconat, il complète dans un petit billet cette belle leçon de détachement : « Je ne puis sortir, comme tu le désires, mercredi prochain... Tu comprends du reste que, à la veille d'une ordination, on n'est rien moins que pressé de se promener par la ville. Si tu ne me comprends pas au premier coup, réfléchis, et tu seras de mon avis.

« ... J'irai te voir dans quinze jours en passant, pendant une demi-heure ; cela suffira pour ce que nous avons de sérieux à nous dire, car il ne faut pas que nous prenions trop nos aises ensemble, cela est inutile. J'aime beaucoup mieux, et cela te serait beaucoup plus profitable, que tu fasses un peu de visite au saint Sacrement ou une lecture spirituelle.

« ... Tiens-tu à assister à l'ordination? Si tu veux, je demanderai la permission pour cela. Après tout, ne t'attache pas trop à toutes ces choses-là, car ce n'est que du vent que les consolations de cette sorte, et encore une fois il me paraîtrait beaucoup plus avantageux pour toi de passer ce temps dans le silence et le recueillement. »

Avec ses parents il faut bien qu'il tempère un peu la rudesse de son langage. Toutefois il ne perd pas les occasions qui se présentent de les préparer au grand sacrifice. Tantôt il leur raconte sans ménagements les nouvelles qui arrivent de l'extrême Orient, les aventures des missionnaires, leurs naufrages, leur martyre. D'autres fois, au parloir, il les quitte au bout de quelques minutes pour un rendez-vous que la charité ou le zèle lui a fait donner. De temps en temps il les prêche un peu dans ses lettres, voilant sous la gaieté de la forme l'austérité de la doctrine : « Le peu de jours que nous avons à passer sur cette pauvre terre seront vite écoulés, et nous nous embrasserons de joie en nous retrouvant tous ensemble, sûrs de ne plus jamais nous séparer et pouvant nous aimer en Notre-Seigneur sans inquiétude et sans crainte sur l'avenir. Peut-être, cher père, allez-vous m'appeler encore frère prêcheur; mais si vous croyez par là me fermer la bouche, vous vous trompez certainement; car ce que j'ai dans la tête y est bien, et n'est pas au talon. Il y a longtemps, n'est-ce pas? que vous me dites que je suis un homme à idées fixes: je l'accorde, et je dis de plus que j'ai une idée qui est plus fixe que toutes les idées fixes du monde : à savoir que viendra dans peu un jour qui n'aura pas de fin, où vous vous frotterez les mains de n'avoir pas fait de vos deux garçons de galants cavaliers, mais, s'il plait à Dieu, de bons pères de famille. Car, ne vous déplaise, nous ne visons à rien moins, Christian et moi, qu'à devenir pères de famille, mais d'une catégorie où l'on n'a pas les embarras du ménage. »

Quelques jours après, il souhaite à son père sa fête : « J'espère donc, cher père, que le bon saint Edmond vous obtiendra ce qui vous est si nécessaire dans votre position présente : une parfaite résignation à tout ce que le bon Dieu demande de vous. Voyez, cher père, vous direz peut-être que je suis un ambitieux; mais je ne désire rien autre pour vous, si ce n'est que vous deveniez un saint. Je ne sais pas vous dire tout ce qu'il faut pour être un saint; car, comme vous me l'avez déjà dit avec raison, je n'ai pas encore la mission, ni par conséquent les grâces nécessaires pour prêcher. Je vous expose seulement le fond de ma pensée, prenez mes paroles pour ce qu'elles valent. »

C'est dans ces dispositions de ferveur et de zèle que Just se préparait à l'ordination du diaconat; il la reçut aux quatre-temps de Noël 1863, dans l'église Saint-Sulpice, le jour où Mgr Darboy, qui ne pouvait supporter le jeûne, tomba en faiblesse au milieu de l'ordination des prêtres. Celle des diacres était achevée; mais à partir de ce jour-là le séminaire des Missions eut ses ordinations dans sa chapelle, et c'est là que nous verrons Just recevoir la prêtrise.

Six mois seulement le séparent maintenant de ce grand jour: il n'a plus d'autre pensée; son union avec Notre-Seigneur devient plus constante, sa piété plus effective et plus tendre. Il semble que le grand travail de la mort volontaire soit accompli, la vie déborde à pré-

sent; mais c'est une vie cachée dont il garde
le secret pour ses communications avec Dieu.
Seuls ses frères en apostolat, surtout les
plus fervents, et quelques amis du dehors
initiés à ses sentiments en découvriront
quelque chose. Les rares personnes dont il
consent encore à recevoir la visite au parloir, n'obtiennent de lui que peu de paroles :
il a l'air distrait, comme quelqu'un qui se
fait violence pour se détacher d'une conversation intérieure que trouble celle des créatures. Même avec ses confrères il parle peu,
mais ses paroles partent du fond de lui-
même, et, bien que toujours simples et
ordinaires dans l'expression, elles vont à
l'âme. Quand on lui demande conseil ou
encouragement, il se recueille avant de répondre, et, nous dit l'un de ses condisciples,
« il a l'air de consulter quelqu'un dont il
traduirait le discours. » Toutes les fois que
le devoir de l'étude ou celui de la charité ne
l'appelle pas ailleurs, on est sûr de le trouver
devant le saint Sacrement : il y passe de longues heures, surtout les jours de congé à
Meudon, quelquefois même dans ses visites,
comme lorsqu'il va voir son cousin, récemment entré au noviciat des frères de Saint-

Vincent-de-Paul à Chaville. Le matin, la communauté descend à la chapelle pour l'oraison à cinq heures et demie : pour lui, toujours debout à quatre heures, il est quelques minutes après à la tribune, et il prie déjà depuis plus de cinq quarts d'heure lorsque commence la méditation commune. Chaque jour il communie avec une piété angélique et entend une messe entière pour l'action de grâces. Sa journée commence donc par trois heures et davantage de prière mentale. Au bréviaire, qu'on récite en commun, tel est son recueillement, qu'un missionnaire déclare n'avoir pas de meilleur moyen pour ranimer sa dévotion que de jeter les yeux sur la stalle où Just psalmodie.

Une lettre qu'il écrit à son frère le vendredi saint laisse échapper quelque chose des ardeurs qui l'enflamment : « Ah! quels beaux jours qu'hier et aujourd'hui, et tous ces jours-ci (la semaine sainte)! Comme on peut, pour ainsi dire, se noyer en Jésus, se précipiter en lui, sans regarder en arrière! C'est le cas d'être fou, oui, fou, mon cher enfant, en présence de ces mystères d'amour. C'est ici qu'on oublie tout, qu'on perd tout de vue pour adorer avec transports, adorer toujours, commencer son ciel sur la terre dans un mélange admirable de douceurs et d'amertume... Nourris l'amour dans ton cœur, mon cher ami, cherche l'amour dans la solitude; n'écoute pas les voix qui disent que l'amour n'est que pour l'autre vie, car il est aussi pour celle-ci, et c'est la vraie vie que la vie d'amour... N'agis que par amour. »

L'amour, ici-bas, est souvent associé à la tristesse, parce qu'il y est un exilé; mais de sa nature il produit la joie, et quand il se fait sentir davantage, l'allégresse déborde. Pâques est venu. Christian a été appelé à la tonsure en même temps que Just à la prêtrise. Le cœur de l'aîné s'épanche dans celui de son frère en apprenant ce double bonheur. « C'est avec joie qu'il faut aimer, lui écrit-il, puisque c'est par obéissance que tu avanceras. Dis donc de tout ton cœur : *Lætatus sum in his quæ dicta sunt mihi : in domum Domini ibimus.* Sans doute la vue de notre misère passée et de notre misère actuelle doit nous préserver de toute présomption. Mais il ne faut pas borner là notre méditation : le sentiment de la joie doit l'emporter de beaucoup, devant les grandes merveilles qui se passeront en nous bientôt. Oui, c'est la joie qui doit remplir notre cœur et le garder dans une paix profonde, puisque, enfants privilégiés, nous reposons sur le côté de Jésus, qui nous nourrit, nous vivifie, nous soutient, nous remplit lui-même. *Alleluia!* Oui, encore le sentiment de notre misère et la crainte qu'elle est bien capable de nous inspirer doivent pâlir aux rayons de ce soleil qui se lève à l'Orient pour venir nous embraser d'ardeur et d'amour. Va par amour plus que par crainte, va par amour seulement... ; c'est les yeux fixés sur la source de tout amour qu'il faut marcher, et alors les années ne font rien, il importe peu qu'on soit tout récemment ou depuis longtemps à son service; la vue de Jésus si beau et si bon détache le cœur de tout ce qui est créé et le lie à son Sauveur si aimable d'une manière invincible.

« Toutefois ne fais pas consister cet amour dans le sensible. Nous devons si peu tenir à ces sortes de consolations, qu'au jour où nous en serons privés, nous n'en soyons nullement troublés. Tu as dû voir cela en lisant la vie de sainte Thérèse, et peut-être

les écrits de saint Jean de la Croix, que je
te recommande. Tu aimeras Jésus quand
rien autre chose ne te détournera de lui,
quand tout ce que tu aimeras tu ne l'aimeras
que pour lui, quand tu te priveras de tout,
j'entends non pour les nécessités physiques,
mais pour ton intelligence et ton cœur... »

Ainsi, en proie aux douces et puissantes
opérations du divin amour, le saint jeune
homme aurait voulu s'isoler entièrement
des créatures; mais le zèle est l'activité de
l'amour, et, quand il commande, l'âme ai-
mante doit sacrifier son repos. C'est à cette
époque, au printemps de 1864, qu'une nouvelle œuvre vint s'offrir à lui. L'apostolat des
carrières l'avait mis en rapport aussi avec
les ouvriers d'une fabrique de capsules à
Sèvres. La plupart étaient Allemands, fort
isolés par leur langue et leurs habitudes au
milieu de la population suburbaine. Quelques-uns d'entre eux, plus âgés et plus chrétiens, avaient pris de l'ascendant sur les
autres et entretenu dans ce groupe laborieux
les pensées et les désirs que la foi inspire.
Mais ils manquaient de secours religieux.
Just, demeuré familier avec la langue allemande, avait noué avec eux des relations

qui devaient tourner au profit de leurs âmes. Ses démarches multipliées leur procurèrent les soins spirituels d'un frère de Saint-Vincent-de-Paul, venu de Grenelle, pour les disposer au devoir pascal. Cette bonne œuvre, dont notre aspirant avait eu l'initiative, fut continuée pendant plusieurs années.

En même temps, et sous l'impulsion du même zèle, il se donnait mille peines pour retirer du vice quelques jeunes gens dont l'âme était fort exposée. Dans ces occasions il n'était plus, comme d'ordinaire, avare de son temps et jaloux de sa solitude. Il multipliait les parloirs, appelait à son secours ses parents et ses amis du dehors, et ne se donnait pas de repos qu'il n'eût obtenu le résultat désiré, ou du moins épuisé tous les artifices que la charité pouvait inspirer.

L'ordination approchait, et une dernière épreuve devait achever dans ce fervent ami de la croix la ressemblance de Jésus crucifié. Ses vénérables parents, que nous allons voir résignés jusqu'à l'héroïsme à l'heure de la séparation suprême, traversaient cette période d'agonie qui précède les grands sacrifices, et ressentaient ces défaillances que le Sauveur lui-même a voulu éprouver à

Gethsémani, pour la consolation de notre faiblesse. M. de Bretenières surtout sentait son cœur bondir à la pensée de l'immolation prochaine. Par moments, au milieu de cette obscurité que le trouble répand dans une âme affligée, il lui semblait que son fils méconnaissait ses devoirs, se trompait de voie, allait sans raison au-devant de mille dangers, même pour son âme. La vocation apostolique, qui n'est pas exempte, hélas ! de périls spirituels, lui apparaissait comme une cruauté inutile à l'égard de ceux qu'elle sacrifiait, préjudiciable pour le missionnaire lui-même. De là des plaintes amères, des reproches, de sombres prédictions, des entretiens douloureux. Just opposait à ces assauts de la tendresse paternelle aux abois la douce et paisible fermeté qui faisait le fond de sa nature et la force de sa vertu. Mais quelles souffrances cachées pour son cœur filial ! quelle amertume il emportait de ces entrevues avec ses parents ! Pour lui aussi c'était, par contre-coup, l'agonie avant le Calvaire [1].

---

[1] En rappelant ces circonstances pénibles, nous ne pensons pas oublier le respect dû à la mémoire d'un père vénérable par sa vertu. Voici en quels termes touchants M. de Bretenières lui-même confirme, dans ses *Souvenirs sur*

Nous tenons de son cousin, alors novice à Chaville, la confidence de cette angoisse. C'est au même témoin que nous allons emprunter un portrait de l'âme de Just au moment où l'onction sacerdotale allait fortifier l'athlète pour les luttes de l'apostolat :

« En fait de sainteté, Just n'était pas l'homme du raisonnement, de l'analyse et de la théorie... : il ne faisait pas de la sainteté discursive. Le don qu'il avait reçu de Dieu était d'un ordre plus élevé. Il y avait dans son esprit et dans son cœur un formidable principe de renoncement qu'il appliquait à tout propos avec sa résolution habituelle, et qui donnait à toute sa vie, par une

son fils, ce que nous venons de rapporter. « Depuis longtemps Just essayait de nous habituer à une séparation dont l'heure allait bientôt sonner; depuis longtemps son sacrifice était fait, et il voulait nous le faire partager... Je crus devoir parfois invoquer contre lui les commandements de Dieu et lui adresser des paroles sévères. Il les reçut avec déférence et avec cet air de douceur qui lui était si habituel et que, dans notre aveuglement, nous étions tentés d'attribuer à une sorte d'insensibilité, inexplicable pour nous, hélas!

« Je torturais sans m'en douter ce cher enfant, qui, sans doute dans le même moment, — comme plus tard sa correspondance nous l'a révélé, — montrait dans les épanchements d'une sainte amitié toute sa compassion *pour le chagrin de son pauvre père.* Il y a dans cette preuve tardive de son affection filiale, dont je n'ai cependant jamais douté, de quoi faire couler mes larmes jusqu'à mon dernier jour. »

impression unique, ce cachet de sainteté remarqué par tous ceux qui l'ont connu à cette époque... Comment se fait-il qu'il ait atteint si jeune ce degré de grâce qui n'appartient qu'aux serviteurs émérites de Notre-Seigneur? Comment a-t-il pris la vie spirituelle tout de suite par le sommet, faisant de la sainteté une vaste synthèse dont le point de départ était : *Crucifige teipsum?* Je ne sais rien là-dessus : c'est à son confesseur d'en juger. Mais je crois que cette nature a été dès l'origine extraordinairement bonne, ou, si l'on veut, extraordinairement peu mauvaise; que les dons de la grâce y ont été de bonne heure très abondants; que l'innocence baptismale conservée a merveilleusement secondé l'essor vers Dieu... Je sais qu'il étudiait beaucoup saint Jean de la Croix : c'est bien, en effet, la voie tracée par le fameux cantique de la *Nuit obscure;* et je crois que dans cette voie Just trouva la grande sainteté sans tous ces raisonnements, toutes ces considérations, toute cette stratégie qu'enseignent les auteurs spirituels, et que nous trouvons, nous autres, bien à notre portée. Ce que je dis là me rappelle un mot de saint Vincent de Paul, qui, arrivé à la grande et unique formule de la perfection chrétienne, écrivait à une âme pieuse : « Oh ! qu'il faut peu pour être toute sainte ! »

« Je crois que l'oraison de Just fut très probablement une oraison contemplative, au moins pendant les deux dernières années, sinon plus tôt. »

Cette esquisse si bien tracée justifie l'opinion partagée dès lors par ceux qui ont le mieux connu notre aspirant, et que l'un de ses confrères exprimait en ces termes : « Le père de Bretenières est une âme si grande, que si même Dieu ne permet pas qu'il soit martyr, il accordera, je l'espère, qu'il soit un jour canonisé. »

Pour peindre les sentiments de Just aux approches de l'ordination, nous ferons un dernier emprunt à sa correspondance, et un autre aux souvenirs de son frère.

Voici d'abord ce qu'il écrit à M. Rabardelle, missionnaire à Siam : « Maintenant, surtout à cause de mon caractère, un peu sauvage, comme vous le savez, je vis en quelque sorte comme un ermite, causant avec tout venant de toute sorte de choses, excepté de celle qui m'occupe. Et quoique je sente au fond de mon cœur un besoin secret d'une autre âme à qui je puisse m'ouvrir, je n'en trouve pas... Néanmoins je suis loin de me plaindre de cette espèce de solitude où je me trouve : il y a bien du charme à n'avoir que Notre-Seigneur pour témoin de ce qui se passe dans le cœur. Et comment pourrais-je me plaindre, puisque dans six semaines j'aurai déjà déjà le bonheur d'offrir le saint sacrifice?... Je sens la joie me venir de tous les côtés, mais je ne sais si je dois m'y laisser aller. Je le devrais, mais il y a des souvenirs du passé et de la vie que j'ai menée, qui font un si dur et si repoussant contraste! *De stercore erigens pauperem...* Pourtant je crois que c'est encore la joie et la paix qui dominent, malgré tant de tempêtes, à l'intérieur. Et bientôt j'offrirai Notre-Seigneur en sacrifice! Mais quelle folie pour moi! je suis si loin d'être disposé!... Malgré tout cela, *laus, honor, jubilatio, gloria Deo nostro Jesu!* Louez-le pour moi et en mon nom pour tout l'excès de grâces dont il m'a comblé... »

Le souvenir que nous empruntons à son frère se rapporte au dernier jour de promenade qui précéda la retraite d'ordination :

« Quand Just se trouvait à la maison de campagne de Meudon, aux petits divertissements auxquels se livraient quelques-uns de ses confrères[1], il préférait les promenades plus solitaires dans la forêt... Il affectionnait beaucoup un endroit fort reculé, situé au milieu d'un épais taillis. Ce lieu lui avait été indiqué par un missionnaire très pieux, et auquel il était fort attaché. Après le départ de celui-ci, Just avait continué de fréquenter ce qu'il appelait son ermitage, et il y passait des journées presque entières[2], se livrant à la médi-

---

[1] Plus tard il regretta, comme une sorte d'égoïsme, de s'être un peu trop séparé de ses confrères dans les derniers temps, et il conseilla à ceux qu'il laissait derrière lui de fréquenter davantage les réunions du soir à Meudon, plus par charité que par attrait, et sans perdre le recueillement.

[2] Il paraît même que les journées ne lui suffisaient pas, et qu'il lui arriva plus d'une fois, pendant les vacances, de s'y rendre la nuit pour prier, pour s'exercer au *bivouac* du missionnaire, pour s'aguerrir à la fraîcheur nocturne, à l'obscurité, aux bruits de la forêt, à tout ce que l'apôtre doit savoir affronter dans sa rude existence, qui est si souvent celle d'un proscrit.

Un matin, un de ses confrères, étant sorti à l'aurore, le surprit en oraison au milieu d'une clairière, à genoux, et dans un recueillement si profond, qu'il n'apercevait pas des lapins qui s'ébattaient autour de lui. Just était trop fidèle observateur de la règle pour se permettre de quitter ainsi la maison, la nuit, sans la permission de son supérieur. Mais celui-ci, qui connaissait la trempe vigoureuse de son âme, l'avait autorisé à suivre son attrait.

tation au pied d'une petite croix qu'il y avait
dressée[1]. Quatre jours avant que nous n'en-
trassions en retraite l'un et l'autre, pour recevoir, lui le sacerdoce, moi la tonsure, il
me conduisit dans sa petite solitude. Je ne
puis essayer de dire ce que fut sa conversation. Elle eut une suavité, une paix tout
extraordinaire, mais en même temps une
force, une énergie que je n'oublierai jamais.
L'âme de Just se peignit tout entière devant
moi. C'était tour à tour la joie pure et douce
qui inonde le nouveau prêtre, puis les mâles
aspirations du missionnaire... C'était le dernier entretien intime que je devais avoir ici-
bas avec mon frère. Il me donna d'excellents
avis pour mon ministère futur, revint en-

---

[1] Nous croyons que c'est aussi dans cet endroit qu'un
jour, se trouvant avec un de ses plus fervents collaborateurs
dans l'œuvre des Carrières, Just lui demanda de consentir
à représenter pour un moment tous les pauvres carriers;
puis, s'agenouillant devant lui avec une humilité qui n'avait
rien d'affecté, il lui demanda pardon de tous les mauvais
exemples qu'il pensait avoir donnés aux ouvriers, et de
toutes les pensées d'orgueil qu'il avait pu avoir en les visitant.

Après son départ, ses confrères voulurent perpétuer le
souvenir du petit ermitage, et marquèrent d'une croix gravée sur l'écorce l'arbre au pied duquel Just s'agenouillait.
Ce lieu devint le but d'un petit pèlerinage pour les aspirants.

core sur la nécessité du détachement absolu ;
puis nous nous mîmes à genoux au pied de
la petite croix, et nous priâmes ensemble
pour les missions, spécialement pour celle
que ses supérieurs devaient lui assigner
quelques jours plus tard. »

Au moment d'entrer en retraite pour l'ordination, Just pria son frère et ses parents
de protéger sa solitude en éloignant tous les
visiteurs. Sa retraite fut une oraison continuelle : il ne quittait guère la chapelle ou la
tribune ; on l'y voyait constamment à genoux, absorbé dans la prière. Ce qui s'échangea alors entre Dieu et lui est demeuré son
secret.

Enfin le 21 mai 1864, dans l'église des
Missions, il reçut, avec une dizaine de ses
confrères, l'imposition des mains de Mgr Tho-
mine-Desmazures, vicaire apostolique du
Thibet. Le frère de Just recevait en même
temps la tonsure dans l'église Saint-Sulpice. Ses parents assistèrent à l'ordination
de leur aîné ; mais, respectant son désir de
solitude, ils se retirèrent sans demander à
le voir. Le nouveau prêtre passa toute sa
journée en prières.

Le lendemain, en la fête de la sainte Trinité, il célébra sa première messe dans une chapelle du séminaire, assisté par le vénérable curé de Saint-Pierre de Chalon, qui l'avait baptisé : son frère et son précepteur lui servaient la messe. Ses parents et quelques amis y assistaient. L'un d'eux s'écriait en sortant : « Je viens d'entendre une messe en paradis. »

Just aurait voulu rester seul avec son Dieu; cependant, après une assez longue action de grâces, son frère vint le chercher pour donner sa bénédiction aux assistants. Il lui répondit par un regard qui semblait dire : *Il fait bon rester ici.* Néanmoins il se leva en silence, et bénit ceux qui l'attendaient; on lui baisa les mains: il se retira aussitôt, et regagna sa chère solitude.

La préparation du missionnaire était achevée : trois années de labeur héroïque avaient fait de lui un apôtre, il ne lui restait plus qu'à consommer son sacrifice.

CHAPITRE IV

Trois semaines s'écoulèrent entre l'ordination des nouveaux prêtres et le moment
où ils reçurent leur destination apostolique.
Just, durant tout ce temps, ne sembla occupé que du bonheur d'être prêtre. Il célébrait la messe, tantôt dans une petite chapelle de la rue du Regard, tantôt dans l'église,
— alors paroissiale, — des Missions, où ses
parents pouvaient venir l'entendre. Il passait
le reste de la journée dans l'action de grâces;
sa prière était presque continuelle. Il se re-
levait encore la nuit pour prier; l'ayant fait
une fois en compagnie d'un de ses confrères,
ils se trouvèrent tous deux dans une telle
joie de l'esprit, que, s'interrompant, ils se
prosternèrent pour réciter un *Te Deum*. Le
fait nous est rapporté par M. Bon, mission-

naire au Tonkin occidental, qui connaissait plus d'un secret de l'âme de Just.

Ce qui cessa dès lors d'être un secret pour personne, ce fut le désir ardent du martyre qui s'empara de son cœur. Plusieurs de ses anciens confrères ont écrit qu'il n'avait pas éprouvé ce désir avant d'être prêtre, son humilité lui faisant craindre une sorte d'orgueil dans une ambition si haute. Il y a quelque chose de vrai dans cette allégation, d'ailleurs trop absolue. Dès 1862, Just, écrivant à son ancien précepteur, lui annonçait la mort d'un missionnaire tué pour la foi, en Chine, en dépit des traités, et ajoutait avec un accent de joie : « Le martyre est donc encore quelque chose de pratique. » Il y a plus. Un aspirant découragé reculait devant la vocation de missionnaire ; Just, après avoir tout fait pour relever son courage, dut renoncer à le retenir, et comme, dans un dernier entretien, ce jeune homme le remerciait avec effusion de sa tendre charité : « Voulez-vous faire quelque chose pour moi ? lui dit Just. — Oh ! de tout mon cœur, répondit il. — Eh bien, quand vous prierez, demandez pour moi la grâce d'un double martyre. »

Ces paroles, parfaitement authentiques, nous semblent établir que Just n'attendit pas d'être prêtre pour aspirer au suprême sacrifice. Toutefois jusqu'à son ordination l'humble aspirant ne se livrait que timidement à ce généreux désir. Mais dès le jour où pour la première fois il a offert le sang de Jésus-Christ, il ne peut plus se contenir. Notre-Seigneur lui-même a mis cette aspiration dans son cœur, et l'action divine est si évidente, qu'il ne songe pas à s'y soustraire. C'est sans doute là ce qui l'occupait dans ces longs entretiens avec le divin Maître. Toujours est-il que, jusqu'à son martyre, il n'a pas offert une seule fois le saint sacrifice sans demander la grâce de mêler son sang à celui du Sauveur. Ses meilleurs amis, dispersés en diverses missions, ont reçu de lui, dans ses lettres, cette confidence qu'ils ont révélée depuis. L'un d'eux, M. Dubernard, missionnaire au Thibet, écrivait à Mᵐᵉ de Bretenières : « Nous avions parlé souvent du martyre. Ce cher ami ne se sentait pas porté à demander cette grâce. *Je ne suis pas*, disait-il, *du bois dont on fait les martyrs; il faut des victimes innocentes, et vous savez ce que je suis.* Mais à peine descendu de l'autel pour la première fois, son langage fut tout autre : *Demandez le martyre,* m'écrivait-il ; c'est la volonté de Dieu que nous implorions cette faveur. N'est-ce pas la prière que nous lui adressons chaque jour après le *Memento* des morts, lorsque nous lui demandons de nous faire une part en la compagnie de ses saints apôtres et martyrs? »

Enfin vint le jour où les aspirants allaient devenir missionnaires. La société des Missions étrangères est une Congrégation séculaire où l'on ne fait pas de vœux : chaque membre demeure toujours libre d'en sortir: mais, tant qu'il y demeure, il y pratique l'obéissance religieuse. Les aspirants ignorent jusqu'au dernier moment le lot qui leur est réservé: le conseil des directeurs délibère, étudie les besoins respectifs de chaque mission, les aptitudes de chaque sujet, et décide des destinations.

Just se tenait à cet égard dans la plus parfaite indifférence. Il était de ceux qui ne font pas à demi le sacrifice d'eux-mêmes et qui, après avoir renoncé à leur volonté en bloc, ne cherchent pas à la reprendre en détail. Lorsqu'il eut connaissance du lieu où on l'envoyait, il manifesta une grande joie dont plusieurs crurent trouver la cause dans le caractère particulièrement périlleux de cette mission ; mais, interrogé là-dessus par un de ses confidents les plus intimes, il avoua qu'il n'avait aucune préférence, et que, s'il se réjouissait d'aller dans cette contrée, c'était parce que la désignation qui lui en était faite lui apportait l'expression de la volonté de Dieu. Par la voix de l'obéissance le ciel venait de lui choisir une épouse, et c'est pour cela qu'il l'aimait.

Le lundi 13 juin, il était allé parler au père supérieur. A la fin de l'entretien, celui-ci lui dit en riant : « A propos, et si je vous donnais votre destination? — Je suis prêt, mon père, répondit Just. — Que préférez-vous? — Je ne préfère rien. — Je vous envoie au Thibet. — Très bien. — Non, vous irez au Tonkin. — A merveille. — Pas du tout, je vous destine à la Cochinchine. — Comme il vous plaira. — Parlons sérieusement, dit tout à coup M. Albrand, dont la physionomie devint plus grave. — Ah! si c'est sérieux, mon père, c'est autre chose; laissez-moi écouter comme il faut l'ordre de Dieu, » et il se mit à genoux. « Vous allez en

Corée. — Je n'aurais pas choisi autre chose, » reprit Just, et il se retira.

C'est alors que le nouveau missionnaire fit éclater sa joie : « Je crois que Notre-Seigneur m'a donné la meilleure part, car pour le moment c'est bien l'une des plus belles, pour ne pas dire la plus belle de nos missions. C'est une de celles où il est le plus facile de se dépenser jusqu'au dernier souffle au service de Jésus. Vive la Corée, terre des martyrs ! Il est vrai que pour l'instant il n'y a pas de persécution ouverte, mais la sueur y remplace le sang. Il y a tant d'ouvrage, qu'on y meurt à la peine. »

Voilà donc ce qui rendait Just joyeux. Mais il ne triomphait pas seul. Trois de ses confrères, MM. Beaulieu, Dorie et Huin, lui étaient donnés pour compagnons ; ils devaient le suivre jusqu'au martyre. L'un d'eux, M. Dorie, ne sut d'abord qu'une chose, c'est qu'il serait avec lui ; et, sans s'informer de sa destination, il s'en allait plein d'allégresse, disant à ceux qu'il rencontrait : « Quel bonheur ! je suis avec le père de Bretenières ! »

Après avoir rendu grâces à Dieu, Just s'occupa aussitôt de sa mission. Il étudia tout ce qui avait trait à la Corée et fit, avec une prévoyance tranquille, tous ses préparatifs pour le départ. Non pas qu'il entendît profiter de sa situation personnelle pour se ménager des ressources et des moyens d'action. Jamais au contraire son esprit de pauvreté et son amour du détachement ne parurent avec plus d'éclat, nous en donnerons tout à l'heure des preuves touchantes. Mais il voulut se charger de pourvoir ses compagnons comme lui-même des objets strictement nécessaires aux voyageurs, et de ceux qui sont utiles aux missionnaires. Sachant que ses trois confrères étaient pauvres, il pria Mme de Bretenières de les considérer avec lui comme ses enfants. « Il a tout mis en commun, disait l'un d'eux, y compris la bourse de sa mère. » *Les quatre Coréens,* — c'est ainsi qu'on les appelait, — ne devaient plus faire qu'un. On les voyait souvent prier ensemble ou converser entre eux. Chacun d'eux avait promis de n'accepter de personne que ce qui pouvait être partagé, à l'exception de l'argent, dont ils ne voulaient pas entendre parler.

Une fois cependant la pauvre mère crut avoir réussi à faire accepter à son fils un souvenir. Elle possédait une relique de la **vraie croix** : l'offre était tentante pour la piété de Just; il céda à la tentation, prit la sainte relique, la transféra dans un nouveau reliquaire qu'il fit authentiquer, et parut éprouver une vraie joie de posséder ce trésor. La mère, tout heureuse, va voir son second fils à Issy, et lui fait part de la bonne nouvelle. « Ah! dit Christian, ou je ne connais pas mon frère, ou la relique vous sera rendue avant peu. Vous l'avez tenté, et voilà tout. » En effet Mme de Bretenières se rendit tout droit d'Issy à la rue du Bac. Just accourut au premier appel, tenant la relique à la main. « Reprenez-la, ma mère, je vous en prie, lui dit-il; je ne veux rien posséder en propre. »

Un tel détachement passera aux yeux de plusieurs pour de la dureté. Ceux qui se hâtent d'en juger ainsi ne savent pas jusqu'où vont, à l'égard des âmes choisies, les exigences de celui qui veut être leur unique trésor. La mère du saint missionnaire était digne de comprendre cette haute leçon. Bien loin de trouver dans ses *Souvenirs,* auxquels nous avons emprunté ce détail, la moindre plainte à cet égard, nous y apprenons que, depuis le jour de sa désignation pour la Corée, Just se relâcha beaucoup de son austérité dans ses rapports avec ses parents, et leur accorda sans compter tout le temps dont il pouvait disposer. Il les faisait assister à sa messe, recevait fréquemment leurs visites, les chargeait de ses préparatifs matériels, trouvant là un moyen de les distraire un peu de leur douleur en les occupant, et de les associer en même temps au mérite de son sacrifice. Il alla même jusqu'à consentir à se laisser photographier, chose qu'il avait toujours refusée jusqu'alors, et il distribua à quelques-uns de ses amis ces portraits avec sa signature. Il accorda à ses parents un jour entier, dans leur appartement, à Paris, jour bien précieux, mais bien pénible, et que sa liberté d'esprit, sa simplicité enjouée aidèrent les siens à traverser. Une autre fois il amena son frère à Meudon, pour passer avec lui tout un jour de congé. Mais autant il se montrait facile d'accès pour ses chers parents, autant cherchait-il à éviter toutes les autres visites; il priait même son père et son frère de le protéger contre les visiteurs. « Si vous saviez, leur disait-il, le besoin qu'on a de vivre avec Dieu en un tel moment! » Enfin pendant la semaine qui précéda le départ, il se sentit attiré à un recueillement plus profond encore, et obtint de ses parents qu'ils s'abstinssent de le venir voir pendant les quelques jours de retraite qui précèdent le départ. « Dieu vous rendra mille et mille fois, écrit-il à sa mère, le sacrifice que vous faites en me permettant de rester un peu solitaire pour me préparer au départ. » Tel est l'esprit des saints ; l'extérieur des actions est peu de chose à leurs yeux, c'est le dedans qu'ils soignent. Partir pour le bout du monde, ce n'est pas là ce qui les occupe : l'essentiel pour eux c'est de veiller sur leur cœur, afin d'y garder toujours à Dieu la première place.

Le 15 juillet était arrivé. C'était le jour fixé pour le départ. Le matin, M. et Mme de Bretenières et Christian vinrent entendre la messe de communauté que Just célébrait dans la chapelle du séminaire. En le désignant pour dire cette messe, le vénérable supérieur répondait au secret désir d'un grand nombre de ses condisciples, heureux de communier de sa main au moment de la séparation. Nous laissons ici la parole à M. de Bretenières; rien ne saurait égaler la grandeur simple et pathétique de ce récit :

« Nous nous rendîmes à la rue du Bac à six heures du matin, et nous reçûmes des mains de notre enfant la nourriture divine qui seule pouvait nous donner la force de soutenir l'épreuve des derniers adieux. Comment parler des sentiments qui se pressaient dans nos cœurs? quel brisement! Et toutefois, en offrant mon fils à l'immolation, je cherchais toujours un adoucissement à ma douleur dans la pensée qu'un jour peut-être la Providence nous le ramènerait pour nous fermer les yeux.

« Après la messe, nous descendîmes au parloir, où Just vint bientôt nous rejoindre. Cet entretien ne fut pas long. Nous étions debout, comme des voyageurs qui se rencontrent sur le chemin et qui vont bientôt se quitter. Nous avions contenu jusqu'alors notre émotion. Mais un mot, la moindre circonstance pouvait nous enlever le reste de notre énergie. Nous nous agenouillâmes pour recevoir de lui une dernière bénédiction; puis, le pressant contre mon cœur, je m'arrachai de ses bras... Grâces en soient rendues à Dieu! Nos adieux avaient été ce que doivent être des adieux de chrétiens, sans défaillance et sans larmes. »

Mme de Bretenières, dans ses notes, s'en réfère au récit de son mari et n'y ajoute que ces mots : « Jour de triste et douloureux souvenir. Celui où j'ai appris son martyre avec la certitude de son bonheur éternel, fut certainement pour moi moins pénible. »

La cérémonie du départ des missionnaires devait avoir lieu dans la soirée. Il est peu de nos lecteurs qui n'aient assisté une fois au moins à cette touchante solennité. Just en redoutait l'émotion pour ses parents, pour son père surtout, et doucement, respectueusement, il leur avait conseillé de n'y point venir, comme aussi de ne pas l'accompagner à la gare. Ils y assistèrent pourtant, mais dans une tribune, sans s'approcher de leur fils et sans lui adresser la parole.

Peu d'instants avant la cérémonie, un habitant de Dijon alla trouver Just dans sa cellule. Il le trouva calme et serein. « Priez pour moi, lui dit le missionnaire; oui, priez, priez pour que j'obtienne ce que je désire. »

Ce qu'il désirait, c'était le martyre. La communauté se réunit à quatre heures dans le jardin, au pied d'une Vierge qu'on vénère sous le nom de *Reine des martyrs*. Là les aspirants et les missionnaires chantent les litanies et le *Chant du départ,* composé par Gounod pour la circonstance. Le visage de Just, très pâle l'instant d'avant, s'anima de vives couleurs; ses yeux ardents, sa voix vibrante attiraient l'attention des spectateurs. Plusieurs en ont fait la remarque : une joie céleste était peinte sur ses traits.

Les missionnaires partants étaient au nombre de dix. Ils entrèrent à l'église et se rangèrent debout sur les marches de l'autel, tandis que le chœur chantait le verset du psaume : *Quam speciosi pedes evangelizantium pacem, evangelizantium bona!* « Qu'ils sont beaux les pieds de ceux qui vont porter la bonne nouvelle, l'Évangile de paix! » En même temps tous les aspirants et les hommes présents dans la nef allaient s'agenouiller devant eux, leur baiser les pieds, puis se relevant, les embrasser.

Just se tenait du côté de l'Épitre, le corps droit, les bras croisés, les yeux au ciel, avec une expression de sérénité angélique. « Sur sa rayonnante figure, écrit un témoin, on croyait lire plutôt les joies du retour que les douleurs du départ. » A chacun de ses amis il disait, en l'embrassant, un mot affectueux et lui demandait des prières. Il nous semble, en écrivant ces lignes, sentir encore sa douce étreinte. Quand vint le tour de son frère, qui lui baisa les pieds, Just le releva et le serra dans ses bras en souriant : « Courage, courage, lui dit-il, souviens-toi de tout ce que je t'ai dit : Jésus au très saint Sacrement ! Vive Jésus ! » — « Je sus, ajoute Christian dans ses souvenirs, que pendant ce temps mon père et ma mère faisaient ensemble et à haute voix le sacrifice de leur fils à Dieu, et récitaient le *Te Deum*. C'était le triomphe de la grâce sur la nature. La cérémonie s'acheva, la foule s'écoula. En traversant encore une fois le séminaire, j'aperçus Just fort entouré ; je lui tendis la main, il me la serra en disant : *Adieu, c'est fait* ; et son regard sembla m'indiquer le ciel comme rendez-vous. »

Écoutons maintenant une dernière fois le père du martyr : « Nous descendîmes de la tribune où nous avions fait notre dernier sacrifice. Les omnibus qui devaient emmener les missionnaires à la gare étaient dans la cour ; quelques personnes restaient là, désireuses de ne perdre aucune des émotions de cette journée. Resterions-nous aussi ?

Nous hésitâmes : la mère serait restée, le père pensa qu'il était plus sage de s'éloigner ; nous regagnâmes notre maison en silence, absorbés dans nos pensées... »

L'amour de la pauvreté signala, chez les missionnaires, les derniers moments qui précédèrent le départ. Just avait trouvé deux sous dans son tiroir, il les donna à un confrère. M. Dorie trouva cinq sous dans sa poche, il les donna à un pauvre. « Quel bonheur! s'écria Just, voilà plus de vingt ans que je désire être pauvre, je vais l'être enfin! » Et il monta joyeusement en voiture.

Nous devons à un excellent prêtre, qui avait connu Just depuis sa naissance, quelques détails sur la première partie du voyage, de Paris à Marseille. M. l'abbé Pataille, alors curé d'une paroisse dans le diocèse de Dijon, se sentait appelé à la solitude et se rendait à la Grande-Chartreuse, pour y décider l'affaire de sa vocation. Ayant connu à temps la date du départ des missionnaires, il avança son voyage de huit jours, afin de les rejoindre à Beaune. Il les accompagna jusqu'à Lyon, et s'entretint avec Just, qui ne revenait pas de son étonnement qu'on pût se déranger pour le voir. Au moment de la séparation, dans la gare de Perrache, à Lyon, M. Pataille fit au missionnaire la confidence de sa vocation. Le sifflet du départ interrompit brusquement l'entretien, et le digne curé s'éloigna sans se retourner, cachant son visage dans son mouchoir pour ne pas laisser voir l'émotion qui l'étreignait. Il monte à Fourvières, et là le souvenir de l'héroïsme tranquille dont il vient d'être témoin triomphe de ses dernières hésitations. Il fera, lui aussi, le sacrifice de lui-même, sacrifice non sanglant, mais dur pourtant, dans le martyre de tous les jours. Sous le nom de don Didier il édifiera la Chartreuse ; et quand viendra pour lui, avec la profession perpétuelle, l'heure de l'immolation complète, il sentira tout d'un coup les peines intérieures, les amertumes du sacrifice, la sécheresse d'une âme plus convaincue qu'attirée, faire place à cette paix sereine et à ces joies de l'esprit qui sont ici-bas l'anticipation de la récompense éternelle. Cette transformation s'opérera dans la première semaine de mars 1866, et, quelques mois après, le solitaire apprendra que les jours qui ont vu cesser la désolation de son âme ont été pour son saint ami ceux du grand combat et du grand triomphe[1].

Les missionnaires passèrent trois jours à Marseille : de pieux pèlerinages à Notre-Dame-de-la-Garde, quelques promenades sur les rochers solitaires qui bordent la côte, et « où l'on peut, écrit Just, silencieusement méditer »; une excursion en mer faite par un gros temps avec une intrépidité qui excite l'étonnement du patron de la barque, telles furent les occupations des voyageurs en attendant l'appareillage. Enfin, le 19 juillet, à trois heures, les amarres détachées livraient le *Saïd* aux flots qui allaient séparer pour toujours ces jeunes hommes de tout ce qu'ils avaient aimé ici-bas.

Le ciel est radieux, mais le vent violent va faire faire aux navigateurs novices un rude apprentissage de la mer. Cependant le 20 au matin, l'un d'eux pourra dire la sainte messe, tandis qu'un de ses compagnons tient le calice et deux autres les cierges pour les empêcher de rouler. Trois fois par jour les missionnaires se réunissent à l'arrière du bâtiment pour chanter des

[1] Just a consommé son martyre le 8 mars 1866.

cantiques et des hymnes. Deux jeunes passagers lient connaissance avec eux. Ce sont des missionnaires protestants qui se rendent à Canton. « Pauvres ministres! écrit Just à ses parents, ils viennent près de nous quand nous chantons quelque hymne à la Vierge; ils nous regardent quand nous récitons notre office. Je les vois se promener en amateurs sur le pont du navire tandis que, réunis, nous nous entretenons ensemble de nos espérances et de nos missions. Ils me rappellent l'Église catholique que nous représentons, calme et unie, à côté des sectes protestantes qui errent à tout vent de doctrine, selon la parole que saint Paul appliquait aux erreurs de son temps. Nous leur avons demandé ce qu'ils comptaient faire au Quang-Tong, quels établissements ils y avaient fondés, quelles conversions l'anglicanisme y opérait. Ils n'en savent rien : ils vont, touchant de forts appointements, faire fortune en Chine, y semer quelques milliers de Bibles, avec l'espérance de revenir un jour, riches d'écus et de mérites, pour mener en Europe une vie heureuse selon le monde. Décidément c'est à nous qu'est échue la meilleure part. »

Le navire touche à Messine ; une seconde traversée conduit les voyageurs à Alexandrie. Le canal de Suez n'était pas encore ouvert, il fallait traverser l'Égypte en chemin de fer et prendre, à l'autre bord de l'isthme, un nouvel embarquement. Un train d'Alexandrie au Caire ne ressemble guère aux trains de luxe qui emportent les oisifs vers les stations à la mode. Entassés dans des wagons à peine couverts, brûlés par le soleil de juillet et la réverbération du désert, dévorés par les moustiques, nos missionnaires font connaissance avec les misères qui seront désormais leur lot. Mais leur gaieté n'en est pas altérée, et l'entrain de la jeunesse s'allie aux inspirations de leur piété pour leur suggérer le dessein d'une excursion pittoresque qui marquera d'un souvenir intéressant leur séjour au Caire. Ils ne devaient passer que vingt-quatre heures dans cette ville : la journée fut occupée par une cavalcade à dos d'ânes, fertile en chutes, et qui les conduisit à la grande mosquée du Caire. La nuit semblait destinée à un repos bien nécessaire. Just avait d'autres visées, et à peine les eut-il révélées, que sept de ses compagnons sur neuf voulurent être de la partie. Laissons l'aimable instigateur nous raconter lui-même, dans une lettre datée de Suez, l'expédition qu'il a conduite :

« J'avais lu dans une relation de voyage de Mgr Guillemin qu'à son arrivée au Caire il se rendit à trois lieues de la ville, près d'un arbre très vieux, qui est, suivant toutes les traditions du pays, celui sous lequel la très sainte Vierge et saint Joseph se sont mis à l'abri lors de leur fuite en Égypte avec Jésus enfant.

« Le problème à résoudre était celui-ci : le souper finissant à dix heures, et nos messes devant commencer à quatre heures du matin, trouver moyen de faire, entre dix heures et quatre heures de la nuit, trois lieues ou plutôt six lieues, aller et retour, dans un pays inconnu, guidés par des Arabes qui ne vaudraient probablement pas beaucoup mieux que ceux qui pourraient nous barrer le chemin le long de notre route. J'en parlai au fils de notre maître d'hôtel, jeune homme de vingt ans, qui voulut, lui aussi, être de la partie : ce ne fut pas sans peine qu'il en obtint la permission de sa mère. Pour moi, j'étais fort content, parce qu'il parle arabe et pouvait nous être fort utile

dans nos rapports avec nos guides. Pour
faire le dixième, un jeune médecin indien,
qui voyage avec nous et que nos missionnaires de Pondichéry ont élevé dans leur
collège, se propose, et l'offre est acceptée. A
dix heures sonnant, nous enfourchions nos
montures fraîches et solides, et nous par-
tions au galop, précédés de deux jeunes
Arabes portant des fallots, et suivis de trois
ou quatre autres chargés d'exciter les retar-
dataires. A peine avions-nous quitté les murs
de la ville, que retentit, du fond de dix vi-
goureuses poitrines, le chant de l'*Ave maris
stella*, puis celui de : *In exitu Israel de
Egypto*, le tout en tremolo, à raison du
mouvement que nous donnaient nos montures. Vous dire les tours et les détours qu'il
nous a fallu faire à travers les cimetières,
les villages et les plantations de toutes sortes
que nous avons rencontrés, est chose impossible; les mauvais pas étaient nombreux,
et nos ânes, quoiqu'il n'y eût place que
pour un, voulaient toujours se disputer le
passage, et souvent s'élançaient deux ou
trois ensemble. Nous n'eûmes en allant que
trois ou quatre chutes à déplorer, chutes si
légères, qu'on n'y fit pas attention. Enfin nos

ânes trottèrent et galopèrent si bien, qu'en une heure trois quarts nous avions franchi la distance qui sépare le Caire du lieu de notre pèlerinage; là de nombreux Arabes veillaient, et des chiens, plus nombreux encore, leur tenaient compagnie. J'avais omis de vous parler des chiens du Caire, qui habitent les rues jour et nuit, et font l'office de balayeurs publics des immondices. A notre sortie de la ville, nous avons eu, sur tous les tons, leur formidable concert. Près de l'arbre de la Vierge, il recommença. Avant d'entrer dans le jardin qui entoure cet arbre, il nous fallut descendre de nos bêtes; les Arabes nous précédaient avec des torches, nous les suivîmes, et là, entourant le tronc séculaire de ce sycomore, nous nous mettons de nouveau à chanter l'*Ave maris stella* et quelques invocations. Les Arabes étaient muets d'étonnement; l'un d'eux, tandis que nous chantions encore, monta sur l'arbre et brisa une forte branche, qu'il nous remit, puis chacun y cueillit des fleurs, ramassa quelques graines, et comme on était venu on repartit, mais plus vite encore. Il était minuit. La lune éclairait ces magnifiques jardins plantés de palmiers, de bananiers et surtout de jasmins et autres plantes qui répandaient une odeur très suave aux alentours.

« Le retour fut signalé par un plus grand nombre de chutes; je suis heureux de dire, tout d'abord, que je ne suis pas des malheureux qui tombèrent. Dans l'une de ces chutes, l'âne de l'un de nous, ayant mal pris son élan et ne voyant pas très clair, au lieu d'atteindre le bord opposé d'un torrent qu'il s'agissait de franchir, roula au fond. Le cavalier resta sur le bord opposé, où la violence de la chute l'avait jeté. Quant à l'âne, il ne donnait plus signe de vie. Je m'approchai de lui après avoir quitté ma selle, je le tirai par la queue, puis par la tête, rien ne bougeait encore; on le retire enfin, et, sitôt qu'il se voit hors de danger, le voilà qui saute sur ses pieds et se remet à courir. Le cavalier avait été, comme la bête, quitte pour la peur; tous deux rejoignirent la bande, et trottant, galopant, nous arrivâmes à notre hôtel vers deux heures du matin. Or nous devions être levés à trois heures et demie pour dire nos messes. Malgré cela, je me couchai de bon cœur, je dormis une heure et demie, et le matin, à l'heure dite, j'étais à la chapelle des Franciscains; à sept heures et demie, nous prenions le chemin de fer de Suez, ce mauvais chemin de fer qu'on peut faire arrêter où l'on veut pour vingt sous et qui marche comme un escargot. Ce soir, nous sommes à Suez, où je termine cette lettre. Nous dînons dans un magnifique hôtel, près du port, et au son des instruments de musique et des voix des chanteurs, qui nous déchirent les oreilles, croyant les charmer. Pour moi, ce sont les adieux de la civilisation qui nous quitte. »

Les voyageurs allaient encore retrouver la civilisation sur le *Cambodge,* grand paquebot des messageries impériales, où ils s'embarquèrent à Suez le 26 juillet. Toutes les commodités de la vie se seraient trouvées réunies sur ce vaste navire si l'insupportable chaleur de la mer Rouge, en pleine canicule, ne leur eût ménagé plus d'une occasion de souffrir. Just s'en réjouit dans une lettre à ses parents : « C'est fort heureux, dit-il, pour nous empêcher de nous amollir dans cette vie douce et agréable qu'on mène à bord.»

A part la chaleur, la traversée de la mer Rouge s'effectue heureusement. Le *Cambodge* touche à Aden, et s'engage dans l'océan Indien ; mais là nos missionnaires font l'expérience d'une vraie tempête de quarante-huit heures. On a su depuis, par les compagnons de Just, qu'il en avait cruellement souffert. Dans ses lettres à ses parents, il se contente de décrire le phénomène, et l'on voit qu'il est surtout préoccupé de la souffrance d'autrui. Au reste, ses lettres du bord sont pleines d'anecdotes et d'observations. On voit qu'il s'applique à distraire ses parents en dispersant sur les détails du voyage leur attention douloureusement concentrée sur le fait du départ. Ces détails, écrits d'un style simple et enjoué, se lisent avec intérêt. Nous les reproduirions si la fréquence des communications avec l'Extrême-Orient ne les rendait aujourd'hui familiers à tout le monde. Ce que nous remarquons, c'est l'accent de tendresse dont cette correspondance est pénétrée. Just n'a plus à fortifier ses parents en vue du sacrifice à faire : le sacrifice est accompli, et il se sent obligé à le leur adoucir. On voit bien que pour le faire il n'a qu'à suivre la pente de son cœur, et que, s'il a pu en d'autres temps paraître insensible, c'était alors qu'il se faisait violence.

Aden, Ceylan, Singapoor, Saïgon, telles sont les escales du *Cambodge* avant d'arriver à Hong-Kong. A Pointes-de-Galles (Ceylan), les missionnaires peuvent descendre à terre et prendre un peu de repos. La tempête sévit en rade, et le débarquement est un exercice de violente gymnastique, dont la perspective retient à bord la plupart des passagers. Mais de larges compensations attendent nos intrépides voyageurs, qui n'ont pas craint de se jeter de haut dans le fond d'un canot ballotté par le roulis. A terre, ils trouvent une mission catholique et une église, desservies par un religieux béné-dictin. Quelle joie pour eux de pouvoir célé-brer tous la sainte messe, assister même à un office liturgique, chanter et prier devant le très saint Sacrement! Un mot de Just nous montre avec quelle fidélité il veillait sur son âme. « Il me tardait, écrit-il à ses parents, de prier pour vous tous d'une façon plus spéciale, et de *ranimer enmoi la piété que les mauvais temps précédents et l'absence d'exercices religieux* avaient un peu émous-sée. »

A Ceylan, les adieux commencent pour les missionnaires. Deux d'entre eux montent

à bord d'un autre navire à destination de
Pondichéry.

A Singapoor , nouvelle séparation :
M. Groussoux part pour Siam. Après une
navigation difficile, le *Cambodge* entre dans
la rivière de Saïgon. Tandis qu'il la remonte
à toute vapeur, une voix partie d'une barque
annamite qui descendait le fleuve fait entendre ces paroles : « Père Guerrin, êtes-
vous à bord ? » Les missionnaires se préci-
pitent sur le pont, juste à temps pour
apercevoir d'un bord à l'autre deux de leurs
anciens confrères de Paris qu'ils pensaient
trouver à Saïgon, et que la fin de la mousson
favorable avait empêchés d'attendre plus
longtemps : ils partaient pour la haute Cochinchine. On avait des messages à se transmettre, des lettres à échanger, et surtout
des tendresses fraternelles. Les deux bateaux
se fuient et se perdent de vue. A la pensée
de ce revoir manqué, les cœurs se serrent,
mais le *fiat* est bientôt prononcé : l'apostolat
n'est qu'un long renoncement.

Mais tous les frères n'ont pas quitté
Saïgon. Il y a là une mission importante, un
vicariat apostolique, une église, un collège,
un orphelinat de la Sainte-Enfance, où cent

vingt petits Annamites reçoivent les soins des sœurs de Saint-Paul de Chartres. M. Le Méc, longtemps secrétaire du cardinal Morlot à Paris, et qui, après avoir fermé les yeux à son archevêque, s'est hâté d'échanger les perspectives brillantes qui l'attendaient en France, contre l'avenir obscur et laborieux des missions lointaines, est là, calme et joyeux, dans son costume d'Annamite, en quelques mois déjà familiarisé avec la langue, et plié aux usages de ces terres étranges. Just, qui l'a connu au séminaire [1], reçoit chez lui son billet de logement. Il y eut là de doux épanchements. Mais, en missions comme en campagne, on ne s'embrasse qu'en courant. Dès le lendemain, il faut regagner le port. Le soir même le *Cambodge* appareille et redescend la rivière. Au milieu de la nuit, qui était très noire, un accident vint mettre en évidence les sentiments chrétiens que Just avait été heureux de découvrir dans le cœur du capitaine. Tandis que le beau vapeur glisse rapidement sur l'onde obscure, des cris se font entendre contre son

---

[1] Les aspirants qui, étant déjà prêtres, veulent entrer dans la société des Missions étrangères, doivent passer au moins une année au séminaire de la rue du Bac.

flanc. Dans le sillage, quelque chose flotte et s'agite. Ce sont les passagers d'une jonque annamite qui ne portait pas de feux, et que le géant a coulée sans seulement ressentir la secousse. L'officier fait arrêter la machine; mais l'élan secondé par le courant continue d'emporter le navire, et les naufragés disparaissent au loin. On réveille le capitaine, qui veut mettre une chaloupe à flots. « C'est inutile, disent tous les lieutenants, nous sommes trop loin; il fait trop noir; et puis, après tout, quelques Annamites de moins... » Le capitaine tient bon. « Si je puis les sauver, dit-il, je ne veux pas avoir leur mort sur la conscience. » L'embarcation est descendue, six hommes y prennent place, les cris lointains des malheureux les guident, la chaloupe disparaît dans l'ombre épaisse; une heure se passe, et les voilà qui reviennent portant les huit naufragés, épuisés, mais sains et saufs; pas un ne manque à l'appel. Pendant une heure ils s'étaient soutenus sur l'eau. Un missionnaire qui sait l'annamite sert d'interprète; sur le désir exprimé par ces pauvres gens, le capitaine les fait reconduire en chaloupe jusqu'à une jonque qu'on aperçoit à une demi-lieue. Et le *Cambodge* reprend sa route, fier d'avoir pour commandant un marin chrétien et français. Le 28 août, au lever du soleil, il entrait dans le port de Hong-Kong. Depuis Marseille la traversée avait duré quarante jours.

Après vingt-quatre heures de repos, un petit vapeur américain prenait à son bord les missionnaires et, remontant la rivière de Hong-Kong, les amenait à Canton. Les *Coréens* ne s'y rendaient que pour accompagner M. Guerrin et visiter Mgr Guillemin. De là ils devaient revenir à Hong-Kong.

Le lettres de Just contiennent le récit pittoresque de ses deux débarquements dans le port de Hong-Kong et dans celui de Canton. Il fallait décharger et transporter à terre les bagages destinés à la mission, et ceux qui devaient aller jusqu'en Corée. A Hong-Kong, des centaines de coolies se disputaient le transport et demandaient à l'envi des sommes exorbitantes. Force fut bien aux missionnaires d'en venir aux seuls arguments que ces gens comprennent, les coups de bâton ; mais quand on a un cœur d'apôtre, on ne frappe pas bien fort. Just et ses compagnons frappaient surtout sur les caisses pour faire du bruit. Ils seraient restés en route sans l'intervention d'un agent de police, qui, armé d'un long fouet, et s'en servant sans ménagements, parvint à éloigner la bande, décida quelques coolies à charger les caisses, et, ranimant par de vigoureux coups de lanière leur bon vouloir intermittent, finit par conduire porteurs et bagages jusqu'à la mission. A Canton, même scène sur le quai du fleuve, et pas de commissaire pour venir en aide aux missionnaires. Mais l'expérience leur a servi, et les voici enfin avec leur cargaison chez Mgr Guillemin, vicaire apostolique de Canton. « Pauvre palais épiscopal, écrit Just : quelques masures alignées et séparées par une ruelle de deux mètres de large... Quel évêque et quel père! Je me jetai à ses genoux, et il me donna sa bénédiction. »

Canton n'avait été pour nos missionnaires qu'un but d'excursion; Hong-Kong, où ils revinrent bientôt, n'était encore qu'une halte dans le voyage. De là les uns devaient repartir pour le Tonkin, les autres chercher le moyen de pénétrer en Corée. Que d'inconnu se dressait encore entre eux et la région promise à leur apostolat!

Just et les autres Coréens pensaient ne passer que quelques jours à Hong-Kong. Mais les lettres qu'ils y trouvèrent leur donnaient de nouvelles instructions. Ils devaient se reposer un mois dans ce port pour éviter le séjour de Shang-Haï, qui est malsain pendant le mois de septembre; puis de Shang-Haï, où ils se rendraient, gagner par mer l'embouchure de la rivière de Léao-Ho, et de là, redescendant par terre vers le sud-est, s'avancer dans la province de Léao-Tong en Mandchourie. C'est là, dans le vicariat apostolique de Mᵍʳ Verroles, qu'ils devaient passer l'hiver et tenter au printemps de pénétrer en Corée.

Just écrit à ses parents ce nouvel itinéraire. Le ton de sa correspondance est changé. A bord du *Cambodge,* c'était un passager de bonne humeur qui racontait sa traversée. Maintenant, pour le coup, la civilisation l'abandonne, le missionnaire est livré à la Providence, *traditus gratiæ Dei*[1], et la foi seule parlera par sa bouche. « Puisque le bon Dieu veut que nous errions longtemps encore avant d'arriver à la terre promise,

---

[1] Act. xv, 40.

que sa volonté soit faite! Jamais nous
n'avons été plus heureux et plus joyeux que
nous le sommes maintenant... Quant à vous,
chers parents, menez aussi la vie d'abandon
entre les mains de Dieu. Nous ne sommes
tous que des voyageurs sur cette terre. Notre
patrie de là-haut est bien belle, et rien n'est
capable de contenter la soif de notre cœur,
tout petit qu'il est, que la possession sans
fin de Celui qui nous a aimés jusqu'à la
folie. On m'a dit que j'étais fou de m'en
aller en Corée; mais c'est là une folie qui
ne coûte guère, qui est bien douce au contraire pour un cœur de saint missionnaire,
comme je voudrais que fût le mien et comme
j'espère de la grâce de Dieu qu'il le sera un
jour. » La lettre se continue par des détails
sur les derniers temps du voyage et s'achève
ainsi : « Ne vous attendez guère à recevoir
de sitôt de mes nouvelles. A partir d'ici, les
communications deviennent plus difficiles.
Mais conversez avec Notre-Seigneur, qui vous
aime et qui certes peut bien vous tenir lieu
de tout... Adieu, cher père et chère mère;
servez Dieu de toutes vos forces, et demandez pour moi que je le serve aussi. Pardonnez-moi toutes les misères que je vous

ai faites et aussi tout ce verbiage, que je ne vous envoie que parce que je crois vous faire plaisir. — Adieu, cher Christian. Où es-tu, et que fais-tu maintenant? Je l'ignore, mais je pense bien souvent à toi en Notre-Seigneur. Tu sais que je n'ai pas besoin de t'écrire : l'essentiel est que nous aimions Jésus de toute l'ardeur de notre âme. Adieu à tous, et que Notre-Seigneur Jésus vous donne sa paix et sa joie! »

Dans les derniers jours de septembre, les quatre Coréens s'embarquaient sur l'*Hydaspe*, petit vapeur français qui faisait le service de Hong-Kong à Shang-Haï. La navigation fut très dure, et Just expérimenta une fois de plus les souffrances de la mer. A Shang-Haï ils prenaient passage, dès le 6 octobre, sur l'*Éclipse*, voilier suédois, à destination du Léao-Tong. De nouveaux et plus rudes caprices de l'Océan les attendaient dans cette traversée. Le vent contraire rendit très difficile et très lente la sortie du fleuve Bleu; à peine au large, une tempête assaillit l'*Éclipse*, la ballotta pendant deux jours et trois nuits, et la jeta tout près des côtes de Corée; c'était, pour les missionnaires, le supplice de Tantale. De là

le flot les ramène vers la Chine, la mer se
calme, un bon vent leur fait traverser rapidement la mer Jaune, le golfe de Petchéli :
ils ne sont plus qu'à quarante-cinq milles du
port, lorsqu'une nouvelle tempête éclate
brusquement sur le navire chargé de toile,
et menace de le faire chavirer. Il faut regagner le large à travers des bancs de sable où
plus d'une fois le vaisseau touche, errer
pendant deux jours au gré de l'ouragan, puis
rallier l'embouchure du Léao-Ho, et mouiller
sur rade en attendant un pilote. Ce ne fut
que le 28 octobre, après vingt-deux jours de
mer, qu'ils purent enfin aborder, non pas à
l'embouchure du fleuve, mais dans un petit
port voisin, *Yny-kô* ou *Ing-tze*.

Voilà la petite troupe sur le sol de Mandchourie. Elle porte avec elle de nombreux
bagages pour la mission de ce pays et pour
la Corée. Ici le mode de voyage change. Les
violences de la mer vont faire place aux
lenteurs des voies terrestres. Hommes et
caisses sont embarqués dans de petites charrettes non suspendues, et traînées chacune
par deux mulets en flèche, qui marchent ou
trottent intrépidement, à travers les fon-
drières de vase ou les pentes rocailleuses.

Ces charrettes ressemblent à des cages en bois. Les secousses sont si rudes, que le voyageur a beau se cramponner, il est à chaque instant heurté et meurtri par les barreaux de sa prison. En arrivant à l'étape, les missionnaires font connaissance avec la nourriture chinoise et avec l'exercice des bâtonnets. La seconde étape les conduit chez un missionnaire, M. Métayer, qui occupe ce poste détaché, et dont l'hospitalité fraternelle leur procure enfin un peu de repos. Ils passent chez lui les fêtes de la Toussaint et, après avoir satisfait leur piété, repartent dans un chariot moins cruel à leurs membres. Le second jour ils sont assaillis par une vingtaine de brigands à cheval, qui réclament livraison des bagages. La fière attitude des missionnaires, qui passent la tête haute et les mains dans leurs poches à cause du froid, intimide les voleurs, qui les croient sans doute prêts à tirer de ces poches mystérieuses quelques bons pistolets; après avoir escorté la caravane pendant une heure, ils se décident à s'éloigner. Enfin, au soir de cette journée pleine d'émotions, ils arrivent à Notre-Dame-des-Neiges, résidence de Mgr Verrolles.

Il eût été bien doux pour les pauvres voyageurs de rester groupés autour du saint évêque; mais les nécessités matérielles obligèrent celui-ci à les disperser. Après quinze jours de relâche à Notre-Dame-des-Neiges, chacun des quatre Coréens est envoyé dans un des postes de la mission mandchoue. Just retourne à Notre-Dame-du-Soleil, auprès de M. Métayer, qui avait accueilli la caravane au passage, à son arrivée du port.

Là commence pour lui et ses compagnons une phase nouvelle. Ils devront passer tout l'hiver dans ces froides contrées, dont le climat est à peu près le même que celui de la Sibérie. Ils occuperont leurs loisirs en apprenant le chinois, dont l'usage n'est guère moins fréquent en Corée que celui de la langue du pays, pourtant si différente.

Les lettres de Just à ses parents durant cette période nous font connaître son genre de vie. Il est presque toujours enfermé chez M. Métayer, absorbé dans l'étude des caractères chinois. Son esprit vif, habitué à trouver de l'intérêt dans toute occupation intellectuelle, s'applique avec ardeur à ce labeur ingrat, dont l'apostolat est la fin dernière. Dans une lettre à son cher ami, M. Rabardelle, missionnaire à Siam, il s'inquiète du trop grand goût qu'il prend à son travail. Il faut être de la race des saints pour trouver de tels reproches à s'adresser. De temps en temps il va faire une visite à Mgr Verrolles ou à quelqu'un de ses confrères disséminés à travers cette région glacée, où, durant cinq mois, le thermomètre se maintient entre 30° et 35° au-dessous de zéro. Il revêt alors l'accoutrement bizarre que la rigueur du froid rend commun dans le pays : c'est une superposition de vêtements fourrés en peau de mouton. L'aspect en est étrange ; pour appuyer la description qu'il en fait à ses parents, il leur envoie un modèle dessiné et colorié par son confrère. Quelquefois ses promenades ont la chasse pour but, et son adresse d'autrefois se retrouve pour enrichir de quelque pièce de gibier le maigre ordinaire du missionnaire.

Au milieu de l'hiver, son compagnon lui est enlevé : Mgr Verrolles, se rendant à Pékin pour les intérêts de sa mission, emmène M. Métayer, et voilà Just obligé de vivre seul dans son froid ermitage et d'utiliser pour le ministère dont il est chargé la connaissance qu'il a pu acquérir de la langue chinoise. A travers sa modestie on devine qu'il a dû faire des progrès rapides, car trois mois après son arrivée il est en état de s'expliquer avec les chrétiens indigènes, et de remplir, en s'aidant d'un livre, les fonctions essentielles du sacerdoce.

Dans cet isolement il est heureux de se sentir plus entièrement livré à la Providence, destitué de tout appui humain, n'ayant pour compagnon que le Dieu qui a réjoui sa jeunesse, et auquel il a tout sacrifié. Ce n'est pas dans ses lettres à ses parents qu'on peut s'attendre à trouver l'aveu des longues confidences qu'il échangeait, durant ces soirées d'hiver, avec le divin Maître. Si ses lettres à M. Rabardelle nous font entrer davantage dans sa vie spirituelle, c'est pour nous montrer une fois de plus avec quelle sévérité il se juge, avec quel empressement il s'humilie. Il sait même donner une apparence de confession à l'expression de cette confiance filiale qui déborde de son cœur, et qui est le signe certain du véritable amour. « Je ne m'inquiète pas, écrit-il, de l'avenir ni du passé ; je vais comme le cheval guidé par la bride, et qui ne cherche pas à savoir où on le mène. Et si quelquefois, mais rarement, —

trop rarement peut-être, — je ressens un peu de trouble et d'inquiétude, c'est quand il me vient des pensées comme celle-ci : Comment se fait-il qu'après avoir reçu d'aussi grandes grâces de Dieu, je reste aussi faible, aussi lâche, aussi peu ardent dans la prière, aussi occupé de la terre, aussi éloigné de Dieu, *et néanmoins aussi tranquille et aussi peu rempli d'inquiétude?* Il est vrai qu'une pareille conduite est une énigme, n'est-ce pas? Mais *fiat voluntas Dei.* Ces moments d'effroi ne durent jamais longtemps, — à tort ou à raison, — et je cherche plutôt la pensée de l'immense bonté de Dieu et de son immense amour. »

Le pays est infesté de brigands. Just est obligé d'avoir des armes chargées dans sa maison. Deux fois il reçoit la visite nocturne de ces maraudeurs. La première fois ils s'y prennent si discrètement, qu'il ne découvre que le lendemain matin les traces de leur passage; la seconde fois c'est plus sérieux : « On en vint aux coups de fusil, écrit-il; mais je vous prie de croire que ce n'est pas moi qui tirais. » Il faut lire entre les lignes pour comprendre qu'unissant l'intrépidité de l'attitude à la douceur de l'apôtre, il a tenu tête aux assaillants en essuyant leur feu sans le leur rendre, et a réussi à décourager leur lâcheté.

Tandis qu'il se prépare à entrer prochainement dans sa chère Corée, il prend un vif intérêt aux autres missions : à celle de Mandchourie, dont il est l'hôte, et qui offre si peu de consolations au zèle patient et obstiné de Mgr Verrolles ; à celles du Thibet et du Tonkin, déjà arrosées de tant de sang, maintenant éprouvées par les plus dures contradictions, et dont les nouvelles, transmises par les courriers qu'il reçoit, lui arrachent cette exclamation dans une lettre à M. Albrand : « C'est bien dur pour les missions, mais c'est bien consolant pour les missionnaires, à qui cela donne quelques lueurs d'espérance du martyre. Quand je pense à cela, je suis sur le point de faire des plaintes à Notre-Seigneur de ce qu'il n'a pas voulu m'appeler à recevoir une si grande grâce. Il s'en faut de beaucoup que j'en sois digne. Mais enfin n'a-t-on pas vu de grands pécheurs qui ont été martyrs? »

Les nouvelles les plus récentes de Corée annonçaient en effet une révolution de palais favorable au christianisme, du moins faisant espérer la tolérance, et Just, sur le point d'y pénétrer, regardait d'un œil d'envie ceux de ses frères qu'il croyait plus exposés. Aucun cependant n'était alors plus près que lui de la couronne.

Nous relevons, dans cette même lettre au supérieur des Missions étrangères, un dernier trait qui sert à peindre les dispositions de détachement parfait où le jeune apôtre achevait de s'établir avant d'entrer dans la lice : « Permettez-moi de vous rappeler qu'en partant de Paris j'ai entièrement laissé à votre disposition l'emploi de l'argent qui pourrait quelquefois vous être remis pour moi. Si donc quelques-uns de mes confrères *ou même d'autres missions* pouvaient en user plus utilement que moi, remettez-le-leur : tout est à votre jugement. »

L'hiver prit fin, la débâcle des glaces rendit libre les fleuves et les ports. Le moment approchait où les Coréens devaient tenter leur entrée. Ce qui rendait si difficile aux Européens l'accès de ce pays, c'était moins à ce moment la haine du nom chrétien que la défiance du gouvernement coréen à l'égard des étrangers, quels qu'ils fussent, même des Chinois, et les lois draconiennes qui défendaient aux indigènes tout commerce avec eux. Il fallait s'embarquer dans une jonque chinoise, et aller retrouver sur un point de la côte coréenne une barque du pays. Le rendez-vous était donné près d'un an à l'avance. Mille incidents pouvaient faire manquer la rencontre; alors une nouvelle tentative devait se faire à la fin de juillet, et si elle manquait de nouveau, il fallait tout remettre au printemps de l'année suivante. Enfin il importait que la rencontre eut lieu à la dérobée, dans un lieu désert. Si elle était aperçue, équipage et missionnaires, tout était perdu. Cette année même, deux barques coréennes, qui ne portaient aucun Européen, furent arrêtées dans la rivière de Séoul, comme suspectes de communications avec la Chine, et les patrons furent décapités, sans autre forme de procès.

Just touchait donc à l'heure la plus solennelle de sa vie; à force d'adresse et de courage, de résolution et de patience, il allait forcer un passage qui devait l'introduire, ou dans une longue carrière d'apostolat, ou dans la voie droite et courte du martyre. On s'explique alors le ton plus ferme de sa correspondance. Quand les cordes de la volonté sont tendues pour l'héroïsme, elles rendent un son mâle et fier. L'apôtre voudrait voir ceux qu'il aime s'élever comme lui au-dessus des plus légitimes faiblesses du cœur. Le 2 avril, Just écrit à ses parents : « Si le bon Dieu favorise notre tentative d'entrée en Corée, cette lettre sera la dernière que vous recevrez d'ici à un an. Je regrette pour vous cette petite privation. Cependant en un sens je ne la regrette pas : elle apporte avec elle la grâce de Dieu. La voie qui mène au ciel est toute semée d'épines ; plus nous y écorcherons nos pieds, mieux cela vaudra. Demandons à Dieu de nous faire bien comprendre ceci : une heure de souffrance est plus précieuse ici-bas que toute une année de délices. Ne songeons jamais à nous plaindre ; au contraire, rendons dans la joie du cœur de grandes actions de grâces à Notre-Seigneur pour toutes les bénédictions dont il nous comble tous à tous moments. »

Le 24 avril, Just quittait sa résidence de Notre-Dame-du-Soleil avec M. Dorie, qui était venu le rejoindre. Ensemble ils allaient prendre M. Beaulieu à sa station d'hiver, située à une journée de marche ; ils y trouvèrent aussi M. Huin. Le 26, ils arrivaient tous

les quatre à Notre-Dame-des-Neiges, pour
faire leurs derniers préparatifs. Le 1er mai,
après s'être mis sous la protection de la
sainte Vierge, ils se mettaient en route pour
gagner le port de Tsouang-Ho, et le lendemain ils prenaient passage dans une petite
jonque dont l'équipage était composé de
Chinois infidèles, mais fort braves gens. La
mer étant trop forte pour appareiller, ils ne
purent quitter le port que le 3 mai. Un fort
vent du nord qui soufflait en poupe les porta
rapidement sur les côtes de Corée ; dès le 5
au matin, le rivage était en vue, mais à ce
moment le vent changea et devint contraire.
Force fut aux voyageurs de s'abriter à une
petite île nommée Kio-Tao, à quinze lieues
au nord de Mélinto. L'état de la mer les retint huit jours dans cette anse, craignant
sans cesse de voir la violence du flot rompre
leurs amarres et briser leur barque sur les
rochers. Pendant ce temps ils épuisaient
leurs provisions, qu'on n'avait pas cru nécessaire de faire abondantes pour une si
courte traversée, et que les dispositions hos-
tiles des habitants de l'île ne leur permettaient pas de renouveler. Une nuit surtout
la tempête fut horrible ; la jonque menaçait

de sombrer au mouillage. Les souffrances et les angoisses des passagers furent indicibles. Cependant il fallait partir ou manquer la rencontre. Les missionnaires forcèrent les Chinois à reprendre la mer; mais bientôt le cœur manque aux marins, et ce sont les prêtres qui dirigent la manœuvre. Une journée entière de navigation contre le vent, à travers mille dangers et mille fatigues, fut sans résultat, et l'on se trouva fort heureux au soir de pouvoir regagner l'abri du matin. Le lendemain la mer est encore grosse, mais le vent a changé. Les missionnaires contraignent de nouveau leurs hommes à appareiller sous une pluie battante. Ce sont eux qui font le quart à tour de rôle, se guidant à travers une brume épaisse au moyen de petites boussoles que les parents de Just leur avaient données au moment du départ. Vers midi la brume se lève et leur montre, à trois milles de distance, un cap redoutable qu'ils avaient à doubler. A la pointe de ce cap règne habituellement un tourbillon comparable, dit-on, au Maëlstrom sur les côtes de Norvège. Il faut entrer bravement dans cette région périlleuse, où nos voyageurs, témoins déjà de plusieurs grosses tempêtes au large,

crurent pour la première fois faire connaissance avec la fureur des éléments. Le vent
déchire les voiles de la jonque, brise un mât;
des vagues énormes couvrent la barque et la
rempliraient en un instant, si toutes les ou-
vertures n'en étaient bien closes. Les Chinois, glacés de frayeur, font des prostrations
à leurs idoles, les missionnaires font un vœu
à Marie, l'étoile de la mer. Enfin la passe est
franchie, et le soir de ce même jour, le
12 mai, la barque jetait l'ancre à Mélinto.

Mais ici nouvelle épreuve. La barque coréenne qu'ils devaient y trouver n'y était
pas. Elle avait été saisie et confisquée par les
mandarins. Mgr Berneux, vicaire apostolique
de Corée, l'avait su au dernier moment et
avait dû en chercher une autre. Celle qu'il
avait pu trouver était en si mauvais état,
qu'il avait cru devoir laisser les chrétiens
qui la montaient libres de tenter ou d'aban-
donner l'entreprise. Heureusement ces braves gens la tentèrent et arrivèrent à Mélinto
dans la nuit du 18 au 19 mai. « Vers onze
heures du soir, écrit Just, la mer étant
calme et unie comme un miroir, nous en-
tendîmes une barque s'approcher de nous en
silence, et le nom de notre évêque, pro-

noncé par ceux qu'elle portait, nous fit reconnaître ces braves chrétiens qui exposaient leur cou au sabre pour venir nous chercher. »

Il y avait six jours que les missionnaires se morfondaient dans l'attente. Encore vingt-quatre heures, et l'expiration du délai convenu, aussi bien que la famine, allait les contraindre à repartir pour le Léao-Tong. Depuis seize jours ils naviguaient ou stationnaient, presque sans vivres, réduits à quelques poignées de riz, ayant depuis longtemps consommé deux ou trois poules que le mal de mer avait fait périr.

Le transbordement des caisses fut vite opéré. Deux billets tracés à la hâte pour annoncer l'heureuse issue du voyage à Mgr Verrolles en Mandchourie, et à M. Albrand à Paris, furent confiés à l'équipage chinois, et vers minuit les missionnaires passaient sur la barque coréenne. Ils n'étaient pas encore au bout de leurs peines.

Soixante lieues les séparaient du point désigné pour le débarquement. Les vents contraires, les courants dangereux qui circulent entre les îles nombreuses dont la Corée est entourée, rendirent la navigation difficile et lente. Après cinq jours d'efforts ils touchaient au but; mais là les chrétiens qui les guidaient apprirent le sort rigoureux fait peu de jours auparavant aux équipages de deux barques, soupçonnés par le mandarin d'avoir communiqué avec les Chinois. Ils jugèrent plus prudent, au lieu de remonter la rivière, de filer le long de la côte pour débarquer quarante lieues plus loin vers le sud. Encore quatre jours de voyage, et, le 27 mai, les pauvres voyageurs mettaient enfin le pied sur le sol de leur nouvelle patrie. Tandis qu'ils se rendaient à une chrétienté voisine, ils chantaient dans leur cœur le *Te Deum* de l'action de grâces.

« Tout le monde en Corée, écrit Just, païens comme chrétiens, savait que quatre nouveaux missionnaires allaient bientôt arriver. » Cependant on ne les attendait pas dans cet endroit. La surprise fut joyeuse, et l'accueil de ces pauvres gens empressé et cordial. Mgr Daveluy, coadjuteur du vicaire apostolique, résidait à deux lieues de là. Il vint dès le lendemain recevoir les arrivants, et, sans perdre de temps, expédia Just au vicaire apostolique, Mgr Berneux, tandis que lui-même se rembarquait la nuit avec MM. Dorie, Beaulieu et

Huin pour rejoindre une chrétienté plus solitaire.

Just, aussitôt revêtu du costume coréen, chaussé de ces sandales de paille qui
doivent être plus courtes que les pieds, dé-
buta par quatre jours de marche à travers
les montagnes, et alla surprendre le saint
évêque, qui commençait à désespérer. Ses
confrères le suivirent quelques jours après.

La période de préparation avait pris fin
pour les novices de l'apostolat. De Marseille
à Séoul, du 19 juillet 1864 au 27 mai 1865,
pendant plus de dix mois, ils avaient expérimenté les péripéties du voyage et les angoisses de l'attente. Ils allaient maintenant
connaître d'autres labeurs, endurer d'autres
souffrances, dans ce champ que le missionnaire arrose toujours de ses sueurs et de
ses larmes, et souvent de son sang.

CHAPITRE V

Le coin de terre où venaient de pénétrer
les quatre jeunes missionnaires était alors
peu connu des Européens. Pourtant le christianisme y avait déjà son histoire; histoire
héroïque, que nous ne pouvons entreprendre
de raconter, mais dont nous devons résumer
ici en quelques mots les principaux traits.
Mgr Daveluy, entré en Corée en 1845, avait
su, pendant ces vingt années, au milieu des
travaux d'un ministère accablant, recueillir
sur place tous les souvenirs des origines de
cette chrétienté et de ses épreuves. C'est sur
les notes qu'il envoya en France, un an
avant son martyre, qu'a été composé l'ou-

vrage historique auquel nous empruntons nos renseignements [1].

La Corée est une grande presqu'île montagneuse, flanquée sur sa côte occidentale d'un archipel allongé. Elle forme une bande dont la plus grande largeur est d'environ cent trente lieues, et qui, bien que légèrement tordue, s'étend presque régulièrement du nord au sud, sur une longueur de trois cents lieues, parallèlement aux côtes orientales de la Chine. L'Italie, si Naples marquait sa limite méridionale, et si elle s'allongeait moins vers le sud-est, représenterait assez exactement la figure de ce territoire. Vassale de la Chine, à laquelle elle envoie chaque année une ambassade avec des présents, la Corée forme néanmoins un royaume autonome, dont l'idiome et les usages diffèrent sensiblement de ceux de l'empire du Milieu. Plus encore que cet empire, le gouvernement coréen, jusqu'à l'époque où se place ce récit, avait cherché sa sécurité dans un isolement absolu. Les événements de 1860, qui ont ouvert la Chine au commerce européen, auraient pu renverser ces bar-

----

[1] *Histoire de l'Église de Corée*, par Ch. Dallet, prêtre de la société des Missions étrangères. Paris, Palmé, 1874.

rières. Mais les chefs de l'expédition anglo-française, étrangers à tout ce qui concernait la Corée, n'eurent pas même connaissance de la panique causée dans ce pays par leur victoire. A ce moment l'apparition d'une frégate sur les côtes de la presqu'île, à quarante lieues seulement de Shang-Haï, eût vraisemblablement suffi pour ouvrir à la civilisation et à la liberté cette terre inhospitalière. Les deux escadres quittèrent les mers de Chine sans soupçonner l'occasion glorieuse qu'elles laissaient échapper. Et six ans après, les missionnaires catholiques étaient encore les seuls Européens qui, au risque de leur vie, en employant mille artifices, parvinssent à forcer ce boulevard de la barbarie.

Et pourtant sur ce sol séparé du monde entier par des préjugés séculaires habite un peuple aimable et doux, plus disposé peut-être que tout autre à recevoir la bonne semence. Tandis qu'ailleurs l'Évangile avance à pas lents, que même la liberté religieuse ne suffit pas à accélérer ses progrès, que les conversions d'adultes sont rares, et que le christianisme doit à l'œuvre de la Sainte-Enfance, à l'éducation des orphelins, le plus clair de ses conquêtes, ici c'est assez de la supériorité morale de la doctrine chrétienne pour lui gagner des partisans chez ceux qui, pour la première fois, en entendent parler.

A cet égard, l'évangélisation de la Corée présente un phénomène unique, croyons-nous, dans l'histoire des missions modernes. Il faut remonter jusqu'à l'évangélisation primitive pour en retrouver l'équivalent.

On admire avec raison la constance des fidèles Japonais, qui, ayant survécu à l'effroyable destruction opérée il y a deux cents ans, ont su garder et transmettre à leurs descendants les éléments essentiels de la religion, et conserver ainsi pendant deux siècles une chrétienté latente, sans sacerdoce, sans hiérarchie, sans autre sacrement que le baptême, sans autre apostolat que celui de la famille, jusqu'au jour récent où le Japon, s'ouvrant à son tour, mit nos missionnaires en présence de ces glorieux héritiers d'une foi que les persécuteurs pensaient avoir étouffée dans le sang.

Sans doute c'est là un admirable exemple de vitalité surnaturelle. Mais du moins le Japon avait reçu l'Évangile des mains de saint François Xavier. Pendant un siècle il avait formé une chrétienté florissante. Quand la religion chrétienne disparut de ce royaume, noyée dans des flots de sang, les rares survivants de tant de massacres emportaient dans leur retraite les souvenirs d'une vie religieuse à laquelle n'avait manqué aucune des ressources que l'Église, en pleine possession de sa liberté, prodigue à ses enfants.

La Corée nous présente un tout autre spectacle. C'est une contrée fermée qui n'a jamais vu de prêtres. A la fin du XVIIIe siècle, plusieurs sages de ce pays qui s'adonnaient ensemble à la recherche de la vérité morale, tombent sur quelques traités religieux écrits en chinois et importés en Chine par hasard, au milieu de divers ouvrages scientifiques. En 1783, l'un d'eux, Pierre Seng-Houn-i, qui faisait partie de l'ambassade envoyée chaque année à Pékin, se mit en rapport avec l'évêque de cette ville, l'illustre Alexandre de Govea, franciscain portugais. Il se fit instruire et baptiser, et rapporta dans son pays des livres, des croix, des images chrétiennes. Aidé par son ami, le vertueux Piek-i, et par d'autres imitateurs de son zèle, il commença à répandre la vérité religieuse, s'adressant de préférence aux hommes éclairés et renommés par leur sagesse. Les fervents catéchistes acceptèrent même des discussions publiques avec les sectateurs de Fô et de Lao-Tsé, très nombreux en Corée. Ces joûtes philosophiques tournèrent à l'honneur de la religion chrétienne, qui obtint ainsi du premier coup une honorable notoriété dans le monde des lettrés, et se répandit de là dans la classe moyenne et jusque dans le peuple. Les catéchumènes baptisés par Seng-Houn-i devenaient baptiseurs à leur tour. Ils traduisaient en coréen les livres composés par les missionnaires de Chine, initiaient les néophytes aux coutumes chrétiennes, à la sanctification du dimanche, aux jeûnes, aux abstinences, aux pratiques mêmes de l'ascétisme, mettaient en vigueur selon leurs lumières, la discipline chrétienne du mariage, en un mot constituaient de toutes pièces, avec les lacunes inévitables en de telles conditions, une société de fidèles que rattachaient à l'Église chinoise le baptême et l'apostolat volontaire d'un seul converti demeuré laïque.

Un tel commencement tient déjà du prodige. La suite est plus surprenante encore.

La naissante Église de Corée dut attendre dix ans l'arrivée du premier prêtre catholique qui ait pénétré dans ce royaume.

Sans cesse les chrétiens de ce pays demandaient à l'évêque de Pékin de leur envoyer des ouvriers évangéliques. Mais des obstacles sans nombre arrêtaient son bon vouloir. Durant ce temps, la privation des secours spirituels leur était si sensible, que, dans leur ignorance des lois de la hiérarchie sacrée, ils crurent pouvoir transmettre le sacerdoce à quelques-uns des leurs comme ils leur avaient donné le baptême. Ils instituèrent donc un évêque et plusieurs prêtres, imitant les cérémonies dont Pierre Seng-Houn-i avait été témoin à Pékin, et confectionnant pour la célébration des saints mystères des vases sacrés et des ornements précieux. Avertis de leur erreur par l'évêque de Pékin, les pseudo-pontifes renoncèrent avec une humilité touchante à ce ministère usurpé, et renouvelèrent leurs instances pour obtenir des prêtres de Chine. Mais, avant de recevoir cette grâce, la jeune Église coréenne devait rendre une première fois à Jésus-Christ le témoignage du sang.

L'imperfection de leurs connaissances théologiques, qui avait induit les chefs de cette chrétienté à s'ingérer dans le sacerdoce, les avait également laissés dans l'ignorance de leurs devoirs à l'égard des cérémonies en l'honneur des ancêtres. Ces rites, après de célèbres controverses, avaient été condamnés en Chine par le Saint-Siège comme entachés de superstition idolâtrique. Ils n'étaient guère différents en Corée, et l'attachement du peuple à ces pratiques n'était pas moindre que celui des Chinois. L'un des traits distinctifs des mœurs coréennes est la piété filiale, et les rites funéraires en sont la principale expression.

Quand vinrent les instructions de Pékin, les chrétiens de Corée se virent placés dans cette alternative : renoncer à ces rites ou renoncer à la foi. Un petit nombre seulement prit ce dernier parti. Les autres se soumirent, mais la propagation de l'Évangile en fut arrêtée; la profession du christianisme prit, aux yeux des païens, une apparence d'impiété; et toutes les haines que la nouvelle religion avait déjà provoquées, les préjugés qui s'étaient formés contre elle dans le vieux parti coréen, ennemi de toute

communication avec l'étranger, trouvèrent
là un prétexte plausible pour autoriser d'im-
pitoyables rigueurs. Une première persécution éclata en 1791, et fit briller au milieu
des supplices la constance des néophytes.
Sans doute, hélas! il y eut aussi des apos-
tats; plusieurs de ceux qui avaient résisté
aux tortures se laissèrent vaincre par les
supplications de leurs proches ou par la
crainte de les perdre avec eux. On eut même
à déplorer des défaillances parmi ceux qui
avaient été les premiers propagateurs de
l'Évangile. Mais quelques-uns d'entre eux
réparèrent glorieusement leur faiblesse, et
moururent martyrs dans les persécutions qui
suivirent. Nombreux furent aussi les héros
de la foi qui supportèrent sans faiblir l'horrible épreuve de l'écartement des os, de la
bastonnade sur les jambes ou de la planche
à torture. La cruauté des persécuteurs leur
fournit même l'occasion de répandre au loin
la bonne nouvelle. Les interrogatoires, toujours accompagnés de supplices, attiraient
de nombreux spectateurs, devant lesquels
les confesseurs de la foi, injustement accusés
d'impiété ou d'immoralité, développaient
dans de longs discours les articles du sym-

bole chrétien, faisaient éclater à tous les
yeux la beauté de la doctrine évangélique,
et arrachaient à leurs juges eux-mêmes des
paroles d'admiration pour l'excellence d'un
tel enseignement. Plus d'une conversion eut
pour origine cette prédication sublime faite
sur le chevalet.

C'est ainsi que l'Église de Corée se préparait dans le sang et les larmes à recevoir
l'envoyé de Dieu. Il vint enfin en 1794. Dix
ans après le baptême du premier converti,
le père Jacques Tsiou, prêtre chinois, envoyé par l'évêque de Pékin, trouva en Corée
plus de quatre mille chrétiens. Les vertus
pacifiques, la virginité, l'humilité, la mortification, la charité, fleurissaient dans cette
chrétienté naissante à côté des palmes glorieuses cueillies par les premiers martyrs.

Le ministère du père Tsiou fut aussi
fécond que laborieux ; il s'exerça parmi de
continuelles alarmes. La persécution générale avait cessé, mais la liberté n'était pas
rendue à l'Église, et des vexations locales,
des poursuites individuelles continuaient de
tenir la chrétienté sous le pressoir. Le roi
répugnait aux mesures violentes et inclinait
vers la douceur ; mais la cruauté ou la cupi-

dité des mandarins faisait encore çà et là des martyrs.

Cinq années se passèrent dans cet état de paix traversée par de sanglants épisodes, et durant ce temps la religion fit de rapides progrès. Mais la mort du roi, survenue en 1799, et l'institution d'une régence donna carrière à la tyrannie des ministres et des mandarins, et, après de cruels préliminaires, un édit de la régente inaugura, en 1801, la seconde persécution générale, qui fut longue et terrible. L'intention avouée du gouvernement coréen était d'en finir avec la secte dangereuse des chrétiens. Le père Tsiou, voyant la haine des persécuteurs particulièrement dirigée contre les étrangers, crut adoucir le sort de son troupeau en se livrant lui-même. Après avoir subi les supplices ordinaires, il fut décapité le 31 mai 1801.

Ce généreux sacrifice ne désarma pas les ennemis du nom chrétien. Le nombre des victimes, dans les provinces, n'a pu être connu exactement. Dans la capitale seulement, il dépassa trois cents. Toutes les conditions, tous les âges, tous les sexes fournirent leur contingent à la légion des martyrs, et les annales de l'Église coréenne s'enrichirent de souvenirs qui vont de pair avec ceux des Laurent et des Agnès de l'Église romaine.

Un moment fatiguée de ses propres fureurs, la persécution ne tarda pas à se ranimer, et l'on peut dire que depuis le commencement du siècle elle n'a jamais entièrement cessé en Corée. Il n'y a guère d'année qui n'ait vu des chrétiens emprisonnés pour leur foi, interrogés, torturés, mis à mort ou exilés, quand on ne les oubliait pas dans d'affreuses prisons, où ils finissaient par mourir de misère au milieu de souffrances inouïes.

Et qu'on le remarque : fondée en 1784, par l'apostolat volontaire de Pierre Seng-Houn-i, cette chrétienté sans égale dut attendre jusqu'en 1831 l'institution d'un vicaire apostolique de Corée, et jusqu'en 1836 l'entrée du premier missionnaire européen, M. Maubant. Pendant ces cinquante-deux ans, elle n'eut d'autre secours extérieur que le ministère du père Tsiou, qui dura cinq ans. Durant quarante-sept ans elle se soutint sans prêtres, sans autre sacrement que le baptême, sans autre prédication que celle des catéchistes ; elle traversa les persécutions générales de 1791, de 1801, de 1815, de 1827; elle fournit à l'Église plus de mille martyrs, d'innombrables confesseurs, et multiplia les exemples des plus admirables vertus.

Maintes fois les pauvres chrétiens de Corée avaient adressé au Souverain Pontife des lettres suppliantes pour obtenir des apôtres. Pie VII avait reçu leur hommage en 1792, au début de la Révolution française, et les avait placés sous la juridiction de l'évêque de Pékin. Mais bientôt l'Église de Chine elle-même ressentit le contre-coup des bouleversements qui ébranlaient l'Europe, et les espérances de la Corée furent englouties dans cette tempête. Pie VII, en 1811, reçut une nouvelle lettre des fidèles coréens; mais cette touchante supplique le trouva prisonnier à Fontainebleau. Quand les événements de 1815 eurent rendu la paix au monde, l'Église et l'Europe avaient à panser de cruelles blessures. Il fallait combler les vides creusés dans les rangs du sacerdoce, suppléer au ministère des ordres religieux supprimés ou dispersés et, tout en pourvoyant aux nécessités du culte et de l'apostolat dans nos contrées, recruter de nouveaux ouvriers pour les missions lointaines.

Tandis que le séminaire des Missions étrangères rétabli, puis fermé de nouveau par Napoléon en 1809, se rouvrait à Paris, que la sacrée Congrégation de la Propagande cherchait à pourvoir, dans une grande pénurie de ressources, aux besoins des chrétientés délaissées, une nouvelle instance des Coréens arrivait à Rome, sous le pontificat de Léon XII. Écrite en 1825, la supplique parvenait au pape en 1827, au moment même où une nouvelle persécution générale ravageait l'Église de Corée.

Touché de tant de fidélité, le Souverain Pontife chargea la Propagande d'offrir à la *Société des Missions étrangères* la mission de Corée. Après avoir consulté tous ses membres, même les plus éloignés, et malgré l'insuffisance de ses ressources en hommes et en argent, la société accepta et permit à l'un de ses prêtres, M. Bruguière, de s'offrir pour inaugurer ce périlleux ministère.

Ce courageux missionnaire venait d'arriver à Siam pour assister le vicaire apostolique, le vénérable Mgr Florent, qui, accablé de fatigues et d'années, l'avait demandé comme coadjuteur. Rivalisant de générosité, l'évêque et son prêtre consentirent, l'un à se priver d'un secours si nécessaire, l'autre à échanger un ministère paisible et facile contre une mission inconnue, pleine de difficultés et de périls.

Sacré évêque en 1829, Mgr Bruguière fut nommé par Grégoire XVI, en 1831, vicaire apostolique de Corée.

Mais les épreuves n'étaient pas finies pour la pauvre Église, si longtemps privée de pasteur.

Plus fermée que jamais aux étrangers et surtout aux chrétiens, la Corée ne pouvait être abordée que par surprise. Le nouveau vicaire apostolique entreprit, pour y pénétrer, un voyage qui dura trois ans, et qui lui fit connaître sur terre et sur mer toutes les souffrances, tous les périls qu'énumère saint Paul quand il fait lui-même l'histoire de son apostolat. Pendant ce temps, un missionnaire chinois, le père Pacifique, était entré en Corée et y avait commencé l'administration des sacrements ; mais, loin de faciliter au vicaire apostolique l'exercice de son autorité, il ne songeait qu'à la battre en brèche, semant la terreur dans l'esprit des Coréens, leur persuadant que l'arrivée de l'évêque français ranimerait la persécution assoupie. Plus Chinois que prêtre, cet indigne missionnaire combattait ainsi l'œuvre de Dieu ; cette infidélité lui fit perdre la grâce de sa vocation, et tandis qu'il écoutait la voix de l'ambition, cherchant à se rendre nécessaire et à s'imposer comme évêque, il tomba dans les pièges du tentateur et se déshonora par de secrets désordres qui, découverts plus tard, obligèrent le chef de la mission, M. Maubant, à le renvoyer.

Mgr Bruguière eut beaucoup à souffrir de la sourde hostilité que l'influence du père Pacifique lui faisait rencontrer chez ses fils spirituels avant même qu'il eût pu paraitre au milieu d'eux. C'étaient toujours de nouvelles difficultés, de nouveaux retards imaginés pour éloigner son entrée. Il fallut enfin que l'intrépide évêque eût recours à la sévérité et menaçât les Coréens de l'excommunication portée contre ceux qui entravent le ministère des envoyés du Saint-Siège. La foi simple et docile de ce bon peuple ne résista pas à cette mise en demeure. Tout fut préparé pour aller au-devant de Mgr Bruguière. Mais, au moment d'atteindre enfin au terme de ses généreux désirs, le saint évêque, dont les forces s'étaient dépensées dans une lutte surhumaine, succomba tout à coup à l'épuisement, et mourut à Sivang, dans la Tartarie occidentale, le 20 octobre 1835. Il avait quitté Singapoor le 12 septembre 1832, et depuis lors n'avait pas cessé de lutter contre les obstacles qui se dressaient innombrables entre lui et sa patrie d'adoption.

Tandis que l'Église de Corée devenait ainsi veuve de son premier pasteur, dont elle n'avait jamais vu les traits, un missionnaire français désigné pour assister Mgr Bruguière, M. Maubant, réussissait à s'introduire en Corée. Un autre prêtre français, M. Chastan, le suivait de près. Durant cinq ans, ces deux missionnaires travaillèrent seuls dans ce champ arrosé du sang de tant de martyrs. Ils trouvèrent environ neuf mille chrétiens en Corée, et leur zèle fit faire de grands progrès à la religion. Ils organisèrent cette Église qui n'avait jamais connu le bienfait du gouvernement spirituel, et utilisèrent largement la période de paix relative que Dieu lui accordait pour respirer.

A la fin de l'année 1837, un nouveau vicaire apostolique, Mgr Imbert, parvenait à pénétrer dans le royaume. Il semblait que

de beaux jours allaient commencer pour
cette pauvre chrétienté. Un évêque et deux
prêtres, c'était plus qu'elle n'avait vu depuis
sa fondation. Hélas! encore deux ans, et
une persécution furieuse allait éclater. Les
trois missionnaires, imitant le dévouement
du père Tsiou, essayèrent de détourner l'orage
en se sacrifiant eux-mêmes. L'évêque se livra le premier, puis il fit dire à ses deux
compagnons de venir le rejoindre. Le 21 septembre 1839, tous les trois consommèrent
par la décollation la confession de la foi
commencée dans les supplices.

La persécution de 1839 fut plus générale
et plus méthodique que les précédentes. Les
martyrs furent nombreux, les apostasies
rares, surtout dans la capitale. Ceux mêmes
qui, vaincus par les tourments, aposta-
siaient des lèvres, gardaient au fond de
leur cœur la foi avec le repentir.

L'Église coréenne était de nouveau sans
pasteurs. Plus de cinq années se passèrent
avant qu'elle revit un ministre du Christ.
Durant ce temps, des retours intermittents
de persécution enrichirent encore son martyrologe, notamment en 1841, année célèbre
dans ses annales par l'héroïsme qu'y dé-

ployèrent les confesseurs de la foi. M. Ferréol, qui cherchait à rejoindre Mgr Imbert en Corée au moment de son martyre, avait été désigné pour recueillir son héritage ; mais il ne parvenait pas à forcer le blocus rigoureux institué sur toutes les frontières de la Corée pour empêcher l'entrée des Européens. Sacré évêque en Mandchourie par Mgr Verrolles en 1843, il réussit enfin à gagner la Corée par mer, en compagnie de M. Daveluy et d'un jeune Coréen, André Kim, qu'il avait ordonné prêtre en Chine, et dont l'intrépide constance à travers trois années d'épreuves et d'efforts incroyables avait préparé le succès de la tentative. Plus tard, devant les juges qui l'interrogeaient, le récit de ses aventures devait arracher aux persécuteurs un cri d'admiration : « Pauvre jeune homme, disaient-ils en entendant son histoire, dans quels terribles travaux il s'est consumé depuis son enfance ! »

Mgr Ferréol trouva son Église désolée, les chrétiens dispersés, ruinés, découragés. Tout était à refaire, la discipline s'était relâchée, l'instruction était négligée, la terreur lui cachait même une partie de ses ouailles. Tandis que, assisté de M. Daveluy, il mettait la main à ce grand labeur, André Kim, envoyé au-devant de deux missionnaires qu'on attendait, tomba aux mains des satellites, et, après une confession héroïque de la foi, versa son sang pour Jésus-Christ avec une joie céleste (16 septembre 1846). Ce fut le signal de nouvelles arrestations, et l'année 1846 vit encore quelques exécutions de chrétiens.

Nous ne finirions pas si nous voulions donner ici, même en abrégé, le récit des vicissitudes par lesquelles continuait de passer la malheureuse Église de Corée. Tandis que deux missionnaires français essayaient en vain de passer la frontière, Mgr Ferréol remettait l'ordre dans les affaires de la chrétienté coréenne; un diacre coréen, Thomas T'soï, envoyé en Chine pour y faire ses études ecclésiastiques, parvenait à rentrer dans son pays, et y recevait bientôt après l'ordination sacerdotale. Un missionnaire français, M. Maistre, après plusieurs tentatives infructueuses, forçait enfin le passage; mais il n'arrivait que pour voir mourir son évêque, épuisé par les fatigues et les privations. C'était, depuis dix ans, le troisième vicaire apostolique que perdait l'Église de Corée.

Le Saint-Siège lui donna un digne successeur en la personne de Mᵍʳ Berneux, qui avait confessé la foi sous le rotin dans la persécution du Tonkin; déjà condamné à mort, il n'avait échappé au dernier supplice que grâce à l'arrivée d'une frégate française, qui avait réclamé les prisonniers. Dieu réservait au saint évêque la palme du martyre, mais il voulait la lui faire gagner encore par dix ans de rudes travaux.

Avec Mᵍʳ Berneux pénétraient en Corée deux missionnaires, comme lui destinés au martyre, MM. Pourthié et Petit-Nicolas. C'était le jour de Pâques de l'année 1856.

Déjà épuisé par le travail et la souffrance, le nouveau vicaire apostolique n'avait accepté la charge périlleuse qui lui était offerte que pour renouveler l'épiscopat au sein de son Église. Aussi, à peine au courant de l'état de son clergé, s'empressa-t-il d'user des pouvoirs qu'il avait reçus de Rome pour se donner un coadjuteur. Son choix ne pouvait être douteux. Missionnaire incomparable, initié depuis dix ans à la langue et aux mœurs coréennes, M. Daveluy était l'âme de la mission. Il lui donna la consécration épiscopale le 25 mars 1857.

Au moment où s'accomplissait cet heureux événement, un nouvel ouvrier évangélique, M. Féron, venait rejoindre Mgr Berneux, qui put ainsi tenir un synode où siégeaient deux évêques, quatre prêtres français et un prêtre coréen. Il semblait que l'avenir commençât à s'annoncer plus heureux pour cette Église tant éprouvée.

Une perte douloureuse vint tempérer la joie du pontife. M. Maistre succomba presque aussitôt après à une courte maladie. Sans se laisser décourager, Mgr Berneux mit la main à l'administration de son troupeau, bien décidé à céder bientôt la houlette à Mgr Daveluy. Mais les besoins de la mission ne lui permirent jamais de mettre à exécution son dessein. Malade, exténué, il ne pouvait même pas se borner à la haute direction des affaires. L'Évangile faisait de rapides progrès, à la faveur d'une accalmie qui laissait respirer les chrétiens. Force lui fut de prendre pour lui l'administration d'un vaste district.

Chaque missionnaire avait ainsi sa circonscription, qu'il devait parcourir pendant les mois d'hiver, allant de village en village, sans jamais se départir des plus strictes précautions pour passer inaperçu. Les deux évêques payaient de leur personne comme les simples prêtres, marchant une partie de la journée à travers les neiges et les glaces, passant le reste du jour à recevoir les fidèles, à examiner leurs affaires, à régulariser les mariages, à instruire, à baptiser les catéchumènes, à entendre les confessions. Quelques heures de sommeil sur une natte étaient tout le repos qu'ils pouvaient s'accorder. Il fallait se relever au milieu de la nuit, reprendre les confessions, dire la messe, donner la communion aux fidèles accourus des localités voisines, et repartir avant le jour, pour ne pas attirer l'attention des païens. Mgr Berneux, voyant tout ce qu'il devait demander d'héroïsme à ses missionnaires, comprit qu'il leur devait l'exemple. Toujours debout à deux heures et demie du matin, il ne cessait de travailler ou de marcher jusqu'au soir, et devait travailler encore jusqu'à une heure avancée, avant de se jeter harassé sur sa natte. Qu'on ajoute à cela l'insuffisance de l'alimentation, dans une contrée pauvre où la plupart des habitants vivent habituellement de riz et d'herbes, et où le missionnaire reçoit l'hospitalité de chrétiens presque toujours ruinés par la persécution, et l'on aura l'idée de l'existence surhumaine qui est la condition de l'apostolat dans ce pays. « J'ai toujours mené une vie sobre et laborieuse, écrivait l'évêque de Capse, mais maintenant je pense être arrivé au *nec plus ultra*. »

Mgr Daveluy, imitant les vertus du vicaire apostolique, administrait comme lui un district, et pendant les mois d'été, durant lesquels les chrétiens sont absorbés par les travaux des champs, occupait ses loisirs à composer un grand dictionnaire chinois-coréen et français, à écrire en coréen des livres de religion, et à recueillir de la bouche des anciens les souvenirs des origines du christianisme et ceux des persécutions dans le royaume de Corée.

Tant de zèle ne devait pas demeurer infécond. Pour l'année 1859, la mission de Corée pouvait enregistrer 607 baptêmes d'adultes, plus de 1,700 baptêmes d'enfants, dont 908 d'enfants païens à l'article de la mort, plus de 1,200 catéchumènes, près de 1,400 confessions et plus de 7,000 communions, plus de 200 mariages chrétiens, etc. La population chrétienne dépassait le nombre de 16,000.

Les affaires de la religion en Corée paraissaient donc prospères lorsque, au commencement de l'année 1860, la haine et la cupidité d'un mandarin, juge criminel et préposé à la police de la capitale, fit éclater inopinément une persécution partielle qui jeta l'épouvante dans le troupeau fidèle. Le roi et le gouvernement n'étaient pas favorables aux mesures de rigueurs ; le zèle malencontreux du mandarin fut désavoué, les chrétiens arrêtés et mis à la question ne furent pas exécutés ; mais de nombreuses violences furent commises, les maisons des fidèles furent livrées au pillage des satellites, des villages entiers furent brûlés ou rasés, leurs malheureux habitants obligés de fuir dans les montagnes, et réduits à la plus affreuse misère. Cette tempête apporta un grand trouble, causa d'irréparables ruines, et arrêta pour quelque temps les progrès de l'évangélisation.

Le calme était à peine rétabli lorsqu'on apprit en Corée le résultat de l'expédition anglo-française à Pékin. La terreur fut grande dans tout le pays. Les chefs du gouvernement avaient perdu la tête, et s'attendaient d'un jour à l'autre à voir apparaître la flotte européenne sur leurs côtes. Il n'en

fut rien, et la panique fit place à un sentiment de mépris pour *les barbares d'Occident.* Rien ne pouvait être plus malheureux
pour la mission. La catastrophe de 1866
devait bientôt en fournir la preuve.

Au milieu de ces événements Mgr Berneux
eut à déplorer la mort du père Thomas
T'Soï, jeune prêtre coréen, digne émule des
vertus de ses frères de France, et que sa
nationalité rendait doublement précieux à
la mission. Cette perte fut compensée par
l'arrivée de quatre nouveaux missionnaires,
MM. Landre, Joanno, Calais et Ridel. Les
deux premiers ne devaient faire que paraître
en Corée. Dans le courant de l'année 1863,
ils furent l'un et l'autre emportés par la
maladie. Au mois de juin de la même
année, un cinquième prêtre envoyé de
France, M. Aumaître, après un premier insuccès subi au printemps, réussissait dans
une seconde tentative, et venait consoler le
cœur du vicaire apostolique, abreuvé de
tristesse et consumé de soucis.

Il fallait plusieurs mois aux nouveaux arrivés pour se mettre en état de rendre des
services à la mission. « Je les mets en nour-
rice dans des maisons chrétiennes, » disait

Mgr Berneux. Là, séparés de tout commerce avec leurs compatriotes, ils apprenaient plus rapidement la langue, et recevaient de temps en temps la visite consolatrice du saint évêque dont l'exemple, plus encore que ses paroles, leur apprenait l'art apostolique de trouver sa joie dans le travail et la souffrance.

Ainsi assisté d'un coadjuteur et de huit prêtres, Mgr Berneux pouvait se promettre des fruits consolants de son zèle. Une révolution de palais vint anéantir ses espérances. Le roi mourut au commencement de l'année 1864. Homme nul et affaibli par la débauche, il avait du moins un caractère doux et ennemi de la rigueur. Si faible qu'elle fût, son influence sur le gouvernement avait contribué à étouffer dans son germe la persécution de 1860. Sa mort rendit l'influence au vieux parti des persécuteurs. L'une des quatre veuves couronnées, la reine Tcho, s'empara par surprise du sceau royal et, sous le nom du roi défunt, transmit le trône, suivant la coutume coréenne, à un prince de son choix. C'était un enfant de douze ans. Par ce moyen elle s'assurait la régence.

Pour accomplir ce coup d'audace, elle avait dû s'appuyer sur une faction qui était précisément celle des pires ennemis du christianisme. Aussi, bien que personnellement elle ne fût pas portée aux mesures de violence, elle dut prendre pour ministres les partisans de la persécution. Ainsi se préparaient les terribles événements qui devaient, deux ans plus tard, anéantir la chrétienté coréenne.

Les premiers symptômes de ce changement de politique se firent sentir dans les provinces. Le gouvernement central ne donnait pas le signal des vexations, mais les mandarins se sentaient plus libres de satisfaire leurs mauvais sentiments. Dès la fin de l'année 1865, les provinces de Hoang-Haï et de Pieng-an étaient le théâtre de violences, d'arrestations arbitraires, de tortures, et de sentences de bannissement édictées contre les chrétiens. Les choses allèrent plus loin dans le Kieng-Sang, et se terminèrent par le martyre de deux héroïques jeunes gens, qui confessèrent la foi dans d'affreux supplices, et furent ensuite étranglés dans leur prison.

L'orage ne gagna pas le centre du pays, et Mgr Berneux, de plus en plus accablé de fatigues et d'infirmités, put reprendre avec ses nouveaux coopérateurs le travail apostolique. Les lettres de Mgr Daveluy, en 1865, signalent chez de simples catéchumènes d'admirables traits de fidélité et de vertu, qui montrent quelle extraordinaire préparation de cœur ce pauvre peuple coréen apportait à la culture évangélique.

Les maladies, qui achevaient de ruiner les forces des anciens missionnaires et qui éprouvaient cruellement la santé des nouveaux venus, furent les seules épreuves notables qu'eut à traverser la mission jusqu'au moment où Just et ses compagnons parvinrent au terme du périlleux voyage dont nous avons raconté les vicissitudes.

Il nous faut reprendre maintenant notre récit biographique. Sans perdre de vue un seul instant celui qui en est le héros, nous verrons se dérouler sous nos yeux le drame sanglant qui d'une chrétienté déjà presque florissante ne devait laisser subsister que des ruines.

CHAPITRE VI

Nous avons laissé nos quatre missionnaires avec Mgr Daveluy, qui les avait accueillis à leur arrivée. Just le premier avait été envoyé auprès de Mgr Berneux à Séoul, capitale du royaume ; deux de ses confrères vinrent quelques jours après l'y rejoindre. M. Huin demeura avec Mgr Daveluy. Après avoir fait connaissance avec ses nouveaux collaborateurs, l'évêque de Capse assigna à MM. Beaulieu et Dorie leur résidence en province, et retint M. de Bretenières à Séoul.

Toutefois il ne voulut pas le garder dans ce que Just appelait plaisamment sa cahute épiscopale ; pour lui faire apprendre plus rapidement la langue du pays, il le plaça dans une maison de chrétiens, d'où le jeune missionnaire venait de temps en temps le visiter pendant la nuit et réchauffer son âme au foyer de ce grand cœur d'apôtre.

Nous trouvons dans la correspondance de Just d'intéressants détails sur le genre de vie qu'il lui fallut dès lors adopter. La Corée, nous l'avons dit, est un pays pauvre et fermé au commerce. On n'y trouve presque pas d'artisans voués à l'exercice d'une profession. Chacun cultive son champ et pourvoit par sa propre industrie aux diverses nécessités de la vie, construisant sa maison, confectionnant ses habits, ses chaussures, et les différents instruments nécessaires à son labeur. De là une grande inexpérience dans les procédés, et une grande imperfection dans les produits du travail.

« Me voici devenu citoyen de la capitale, écrit Just à son ancien précepteur, et ce n'est pas peu dire, le nom de notre ville signifiant : *ville des délices*. Mais ne vous laissez pas éblouir par ce nom magnifique. Tout est relatif en ce monde, et les délices de la Corée ne feraient pas la joie d'un Européen. Figurez-vous une immense agglomération de huttes construites en terre, ayant à peine la mine des plus misérables chaumières de la Bresse, toutes pressées les unes contre les autres, ne laissant entre elles, en guise de rues, que de petits passages où deux personnes ont peine à se croiser. Ces ruelles servent en même temps d'égouts, et là s'écoulent et se déposent les ordures de toute sorte, sans exception. Je vous laisse à penser dans quoi l'on est obligé de patauger, et ce que cela doit être surtout en temps de pluie. »

L'intérieur des habitations n'est pas plus brillant que le dehors. Just va nous l'apprendre dans une lettre à ses parents.

« Au fond d'une maison chrétienne, dans la partie la plus retirée, et où les usages coréens ne permettent pas aux étrangers de pénétrer, on réserve la plus belle chambre pour le missionnaire. Mais n'allez pas croire que ce soit quelque chose de grand. Quatre à cinq pieds de haut, une dizaine de long et de large, voilà l'appartement complet. Il y a de quoi faire trois ou quatre pas en tous sens. L'ameublement est à l'avenant : rien que le sol, qui sert, suivant les circonstances, de chaise, de lit, de table, etc. Une petite ouverture d'un mètre de hauteur à peine, fermée par un châssis tendu de papier, sert à la fois de porte et de fenêtre. C'est là que le missionnaire réunit à tour de rôle quelques chrétiens pour leur donner les sacrements et leur faire entendre la messe. C'est aussi l'unique lieu de promenade qui me soit offert pour donner de l'exercice à mes longues jambes. Comme un écureuil dans sa cage, je tourne et retourne, m'imaginant faire les plus délicieuses courses dans les montagnes. Mais gare à la tête! Heureusement le chignon de cheveux qui se dresse comme une quille au-dessus du front, est là pour avertir continuellement du danger. »

Voici maintenant la description du vêtement : à l'intérieur de la maison, un large pantalon bouffant et une petite veste en font tous les frais. Quand le missionnaire veut sortir, il y ajoute une longue robe, faite d'une toile de couleur sombre qui ressemble à notre toile d'emballage, et un vaste chapeau conique, semblable à un toit de pigeonnier, haut d'un demi-mètre au moins, et mesurant un mètre et demi de diamètre ; les bords de cette étrange coiffure descendent jusqu'aux coudes. C'est le costume de deuil des Coréens ; les missionnaires l'ont adopté parce qu'il oblige celui qui a perdu ses parents à cacher son visage : excellente précaution pour dissimuler aux regards indiscrets les traits exotiques des figures européennes

La nourriture n'est pas plus recherchée; ce qu'il y a de pis, c'est qu'elle est insuffisante, et les forces des missionnaires s'usent vite à ce régime, consistant invariablement en un peu de riz ou d'orge, mêlé avec de petites fèves noires, auxquelles on ajoute, suivant les saisons, des herbes ou des racines sauvages cueillies dans les montagnes, le tout cuit à l'eau et sans sel. « En certaines occasions, écrit Just, on peut se procurer de la viande, mais il est impossible de la manger, car on ne tue ici les bœufs que quand ils sont trop vieux pour porter les fardeaux; aussi faut-il renoncer à attaquer avec les dents cette chair coriace[1]. »

[1] Cette première appréciation du jeune missionnaire est trop absolue. La viande mangeable n'est pas inconnue aux Coréens, mais elle est un objet de luxe. Les goûts des Coréens diffèrent d'ailleurs sensiblement des nôtres, car ils considèrent la viande de chien comme un régal, et s'étonnent de la répugnance des Européens pour cette chair infecte. Ils ont aussi une assez grande variété de légumes et de fruits, mais il est rare que les missionnaires puissent s'en procurer. Dans les temps de persécutions, ils ont été souvent réduits à manger les herbes des champs. L'un d'eux écrivait à ses parents qu'il avait déjà consommé des

Que faisait notre solitaire dans l'étroite prison où il se voyait confiné? Son temps se partageait entre l'étude et la prière. La langue coréenne offre à l'Européen d'étranges difficultés, surtout la langue parlée, car les flexions des verbes y sont d'une multiplicité incroyable ; chaque verbe a jusqu'à trente et même quarante formes de conjugaisons différentes, et qu'il faut employer tour à tour suivant les circonstances. Les règles en sont extrêmement compliquées; les locutions ne sont pas les mêmes, suivant qu'on parle à des supérieurs, à des égaux ou à des inférieurs : une longue pratique peut seule en donner la clef. En revanche, l'écriture est simple et contraste avec l'insupportable richesse de l'alphabet chinois; seize caractères rendent tous les sons. On parvient donc assez facilement à lire les livres. Mais la connaissance du chinois n'est guère moins nécessaire que celle du coréen, l'usage de la langue chinoise étant fort répandu en Corée. Aussi Mgr Daveluy avait-il mis tous

bottes de fougère. C'est ce qui faisait dire à Just, dans une lettre à un de ses confrères : « En mission, on n'a pas de peine à pratiquer la mortification; elle vient à vous de tous les côtés. »

ses soins à composer un dictionnaire où les mots usuels des deux idiomes étaient rendus en français. Il avait créé successivement jusqu'à quatre imprimeries coréennes et une imprimerie chinoise, qui répandaient dans le pays un grand nombre d'ouvrages chrétiens. Ces trésors inestimables, fruit de tant d'années de labeur, ont péri dans la persécution de 1866.

Just s'appliquait avec ardeur à cette ingrate étude, soutenu par le désir d'entrer plus vite en partage des travaux apostoliques. Il lui en coûtait trop de se sentir inutile, tandis que ses aînés pliaient sous le faix du labeur. « L'ouvrage est immense, écrivait-il, les missionnaires sont trop peu nombreux. Tous sont exténués et se traînent comme ils peuvent. Cela provient un peu de la nourriture, mais surtout de l'excès de fatigue. Actuellement, sur six missionnaires capables de travailler, cinq sont malades et n'ont qu'un souffle de vie. Il va falloir pourtant qu'ils commencent leur administration tout comme s'ils étaient valides. De nos deux vénérables évêques, l'un, Mgr Daveluy, ne se soutient qu'à force de prendre des médecines coréennes; l'autre, Mgr Berneux, est épuisé par la fièvre depuis plusieurs mois ; néanmoins il fait plus d'ouvrage qu'un simple missionnaire. On le porte au lit des malades pour leur donner les sacrements ; il n'est pas en état de faire un baptême sans s'asseoir plusieurs fois. L'administration se faisant en grande partie la nuit, on comprend ce qu'un pareil système a de fatigant, et vraiment on est forcé de reconnaître l'aide du bon Dieu, car sans lui on ne tiendrait pas longtemps à un semblable régime. Mais personne ne se plaint, loin de là ; car le bon Dieu bénit les travaux du missionnaire en raison des fatigues qu'il éprouve. Beaucoup envient le sort du missionnaire de Corée, et s'il était plus connu, on l'envierait davantage encore. Heureux, en effet, ceux que la voix de Dieu appelle à cette partie de sa vigne ! Si l'on n'était pas si lâche à correspondre à la grâce, il ne faudrait pas longtemps pour se sanctifier ici. »

On le voit, les préoccupations de l'étude ne détournaient pas l'âme de Just du grand objet qui l'avait attirée. L'amour de Jésus-Christ, reçu dans un cœur fidèle et se traduisant au dehors par le sacrifice, c'était bien là toujours à ses yeux le but suprême de la vie. Il se reprochait d'avoir laissé quelque dissipation pénétrer dans son âme durant les longues péripéties du voyage ; il écrivait à ses jeunes confrères de Paris pour leur recommander de mettre à profit les derniers mois de recueillement extérieur qui leur étaient laissés ; il s'applaudissait de trouver dans sa claustration forcée le loisir de la prière ; il s'instruisait aux sublimes exemples de vertus intérieures qu'il découvrait dans son vénérable évêque ; il étudiait avec admiration les annales héroïques de la chrétienté coréenne ; il se recommandait avec ardeur aux prières des saints amis qu'il avait laissés en Europe, écrivait à des religieuses pour leur proposer des échanges de prières et de mérite, s'intéressait de loin à la fondation d'un Carmel à Dijon, dans l'espoir que les filles de Sainte-Thérèse voudraient bien mettre en commun leurs supplications et leurs sacrifices avec ceux des apôtres de la Corée ; il chargeait ses parents de solliciter partout des prières pour sa patrie d'adoption ; enfin il continuait, avec quelques-uns de ses anciens confrères, alors missionnaires au Thibet, en Chine, à Siam, cette correspondance spirituelle qui avait fait les délices de sa vie de séminaire et qui ranimait dans son âme, au fond de la solitude où il se voyait confiné, les ardeurs brûlantes des saints désirs.

« Je goûte ici, écrivait-il à l'un d'eux, la tranquillité du séminaire, et je regarde comme une très précieuse faveur de pouvoir passer encore quelques mois de la sorte. Ensuite il faudra unir la vie de Marthe à celle de Marie et l'ouvrage ne manquera pas; mais je sais que bien des missionnaires ici conservent, au milieu des travaux, l'union avec Notre-Seigneur. Cela m'encourage.

« ... J'ai vu dernièrement le père Calais; il est d'une douceur admirable, et de plus, comme il est, selon l'expression de Mgr de Capse, *dans les amitiés du bon Dieu,* il fait beaucoup de bien et, malgré son peu de santé, accomplit autant de besogne que les plus forts missionnaires.

« ... Pour qui le veut ici, je vois qu'avec la moindre bonne volonté on trouve du temps à réserver pour l'oraison, et pourtant cette mission ne le cède peut-être à aucune autre pour la quantité de travail, puisque les jours ne suffisent pas, qu'il faut souvent travailler une partie des nuits ou même des nuits tout entières... Il est très vrai que quelques-uns des moyens que Dieu donne à ceux qui vivent retirés dans des couvents, font défaut dans la plupart des missions; mais on trouvera en mission, plus peut-être qu'ailleurs, des motifs excitant à la vie de foi. Je l'entrevois encore à peine, mais tous ceux qui en ont l'expérience le disent.

« ... Le travail de la langue est bien aussi un obstacle au recueillement. Cela préoccupe et revient souvent à l'esprit dans les moments où l'on voudrait s'isoler de tout. Que notre pauvre nature est donc faible et misérable! Mais Notre-Seigneur voit la moindre parcelle de bonne volonté qu'il a mise lui-même dans notre cœur; et puis, quoi qu'on fasse, pourvu qu'on renouvelle souvent le bon propos de tout faire pour l'amour de Dieu, cela suffit.

« Ce dont on sent bien le défaut, c'est la présence du très saint Sacrement. Si je pouvais, comme sainte Thérèse, voir toujours Notre-Seigneur des yeux de la foi présent au fond de mon cœur, cela me consolerait: mais je suis si volage!

« Priez beaucoup pour moi, pauvre pécheur, afin que je m'élève sans cesse vers Jésus! »

Avec ses parents il parle le langage de la tendresse filiale, mais il ne néglige pas d'y mêler les accents d'une âme apostolique, jalouse du progrès spirituel de ceux qu'elle aime. Il fallait même qu'il eût une haute idée de la vertu de ses saints parents pour leur parler un langage aussi fort; il est vrai que pour lui-même il n'avait jamais compris que, dans la logique du renoncement, on s'arrêtât à mi-chemin. Voici comment il termine la dernière lettre qu'il leur ait écrite. Elle est datée du 5 novembre 1865.

« Adieu donc jusqu'à l'année prochaine, où j'espère pouvoir vous donner encore de mes nouvelles, si aucun événement ne m'en empêche. J'espère que l'année qui va s'écouler vous apportera beaucoup de grâces et que vous accepterez de la main de Dieu, en la bénissant, les peines comme les consolations. Probablement le bon Dieu vous donnera le plus souvent ce qu'on appelle en cette vie des peines et des épreuves; mais celui dont le cœur ne vit pas au monde, mais à Jésus-Christ, appelle cela des joyaux ajoutés à sa couronne. Ne m'en veuillez pas, chers parents, si je vous en souhaite autant que le bon Dieu vous donnera la force d'en porter!

Un jour, certainement vous me saurez bon gré de ce souhait. Mais, en un mot, que la sainte volonté de Dieu soit faite ! Le nombre des jours que nous avons à passer ici-bas dans les larmes est bien court, si on le compare à l'éternité du ciel ; et ne faut-il pas nous réjouir alors de pouvoir, par une aussi courte épreuve, obtenir un si grand bonheur ? J'espère aussi que vous allez toujours de plus en plus chercher dans la sainte Eucharistie la force et le courage de vivre en bons chrétiens. *Venite ad me, omnes qui laboratis et onerati estis, et ego reficiam vos.* Il ne faut jamais oublier ces paroles. »

Le souvenir du pieux missionnaire se porte vers les œuvres de charité et de zèle qui remplissaient la vie de ses parents. Il les encourage et leur recommande plusieurs enfants pauvres auxquels il s'était intéressé à Paris : « Faites cela, leur dit-il, c'est une bonne œuvre, quoique vous en ayez d'autres encore. Il faut faire comme tant de saints qui, n'ayant plus rien à donner, donnaient leurs vêtements. Où en sont les églises dont vous poursuivez la construction ? Où en est Saint-Jean... et Sainte-Chantal ? Ah ! s'il était possible de bâtir aussi des églises en

Corée! A l'heure qu'il est, il n'existe même pas une seule chapelle. La chambre d'un chrétien, voilà l'église au passage du missionnaire. Qu'il y a loin de là aux églises d'Europe, aux pompeux offices, aux chants sacrés! Ici on dit la messe à demi-voix, et il n'est même pas possible de chanter un *Kyrie eleison ;* tout se fait en cachette et à la sourdine. Aussi je me figure que quand nous arriverons au ciel, nous chanterons plus fort que tous les autres. Mais, en attendant, chantons en notre cœur les bienfaits dont la divine Providence ne cesse de nous combler.

« ... Que la grâce de Notre-Seigneur soit avec vous tous, chers parents, et accroisse chaque jour le nombre de vos vertus! Priez pour votre enfant missionnaire, afin qu'il se sanctifie aussi et que nous puissions nous trouver tous réunis un jour dans notre patrie! Adieu, je vous embrasse en Notre-Seigneur, et vous prie de me bénir. »

Telle fut la vie intérieure de Just pendant les neuf mois qu'il passa en Corée jusqu'à son arrestation. Son application à l'étude, la connaissance qu'il avait acquise, en Mandchourie, de la langue chinoise, ses progrès dans

la connaissance de la langue coréenne avan-
cèrent pour lui le moment de se rendre utile
dans le ministère. Au bout de quelques mois,
il était en état de se faire comprendre des
chrétiens, déjà quelque peu habitués à l'in-
correction du langage des missionnaires.
Mᵍʳ Berneux lui confiait l'achèvement de
l'instruction des catéchumènes et l'administration du baptême. Quand le vicaire apostolique devait s'absenter, Just allait le rempla-
cer dans sa maison, et répondait pour lui aux
demandes des fidèles. C'est ainsi que, dans les
derniers mois de 1865 et au commencement de
l'année 1866, il put entendre de soixante à
quatre-vingts confessions, baptiser au moins
quarante adultes, bénir plusieurs mariages,
donner quelquefois la confirmation[1], et
administrer l'extrême-onction à un certain
nombre de malades. Presque constamment
enfermé dans le réduit où il se cachait,
obligé de se contraindre en toutes choses,
même dans la manière de tousser ou de se

---

[1] On sait que l'administration de ce sacrement, d'ordinaire réservée aux évêques, peut être confiée à un simple
prêtre, en vertu d'une délégation spéciale du Saint-Siège,
que, dans les pays de missions, les vicaires apostoliques
ont le pouvoir de transmettre.

moucher, de peur d'éveiller l'attention des païens qui passaient dans la rue, il sortait néanmoins quelquefois quand l'absence de Mgr Berneux l'obligeait d'aller le suppléer auprès des malades. Deux ou trois fois même, déguisé sous le vêtement de deuil, il alla administrer des mourants hors de la ville. Encore quelques semaines, et son évêque, qui avait promptement apprécié ses grandes qualités, aurait trouvé en lui un précieux collaborateur. C'était aussi l'opinion de Mgr Verrolles, qui l'avait vu de près en Mandchourie, et qui plus tard ne se consolait pas de sa perte. « Quel homme complet! s'écriait-il. Pour lui, le martyre est un bonheur! Mais que de bien n'eût-il pas fait si Dieu l'avait fait vivre! J'aurais voulu le retenir avec moi, et j'ai toujours vivement regretté qu'il ait quitté ma mission pendant mon absence. Je l'aurais empêché de partir. Il était de ceux dont il ne faut pas prodiguer la vie, car Dieu les a préparés pour faire de grandes œuvres dans son Église. »

Mais Dieu n'a besoin de personne, et ses desseins sont impénétrables. L'heure approchait où de si belles promesses allaient être moissonnées dans leur fleur.

Nous avons laissé la chrétienté de Corée sous le coup des inquiétudes que lui causait le changement de gouvernement. A la reine régente avait été adjoint un mandarin régent, homme féroce et redouté des païens eux-mêmes pour sa tyrannie. Celui-ci avait résolu de faire reconstruire sur un plus vaste plan le palais du roi. Selon l'usage oriental, il entendait bien faire supporter à ses seuls sujets la dépense de ces travaux, et y trouver même une occasion de profit. De là des exactions sans précédents, des impôts arbitraires prélevés dans tout le royaume, des dons *volontaires* imposés aux riches et aux pauvres selon leurs moyens et au delà de leurs moyens. Quiconque résistait était mis à mort. Un lettré crut pouvoir se prévaloir de sa haute situation pour adresser au régent une lettre respectueuse où il lui représentait les suites fâcheuses que pouvaient amener ces excès de pouvoir : ce fut le bourreau qui lui porta la réponse.

A ce moment le tyran ne semblait pas penser aux chrétiens, et ceux-ci se persuadaient qu'ils n'avaient rien à craindre. Si le vicaire apostolique ne les eût pas retenus, plusieurs d'entre eux étaient sur le point de se rendre au palais pour demander pourquoi l'on n'accordait pas enfin la liberté de pratiquer la religion. Jamais les dispositions de ce pauvre peuple n'avaient été meilleures. Une lettre de Just rapporte un trait touchant : Deux catéchumènes habitant la province avaient achevé de s'instruire. L'un d'eux dit à l'autre : « Il nous faut maintenant aller à Séoul pour nous faire baptiser par le grand évêque. — Mais, dit son compagnon, et notre riz qui va sécher pendant notre absence? — Quoi! reprit le premier, aimes-tu mieux manger du riz que faire ton salut? Si ton corps meurt, qu'est-ce que cela fait? Mais ton âme, où ira-t-elle si tu n'es point baptisé? — C'est vrai, tu as raison. » Et voilà les deux braves jeunes gens qui entreprennent un voyage de cent vingt lieues pour recevoir le baptême.

Mgr Berneux admirait la foi de ces héroïques enfants, mais il ne partageait pas leur confiance. Quand on lui représentait le silence du régent en face des progrès bien connus de la religion chrétienne : « C'est le sommeil du tigre, répondait-il, et il ne faudra qu'une occasion fortuite pour réveiller sa rage. » L'occasion ne devait plus tarder.

Un incident de politique étrangère la fit
naître.

Depuis plusieurs années, les Russes faisaient en Tartarie des progrès inquiétants
pour l'indépendance de la Corée. D'annexions
en annexions, ils s'étaient rapprochés de la
frontière septentrionale de ce royaume, et
touchaient au petit fleuve qui forme la limite
de la province de Ham-Kieng[1]. En janvier 1866, un navire russe se présenta à
Ouen-San, port de commerce sur la mer
du Japon; de là le commandant envoya au
gouvernement coréen une lettre impérieuse
réclamant la liberté du commerce et le droit
pour les marchands russes de s'établir en
Corée.

L'émoi fut grand à la cour et dans tout le
royaume. Le zèle malencontreux de quelques
chrétiens tourna contre l'Église le mouvement
qui agitait le pays. Convaincus que de la dé-
marche des Russes pouvait enfin sortir
l'émancipation religieuse de la Corée, ils
écrivirent au régent pour lui persuader que

---

[1] Ces détails historiques sont empruntés aux relations
des missionnaires qui ont échappé au massacre de 1866,
MM. Ridel, Calais et Féron. Ils les ont recueillis eux-mêmes
de la bouche des chrétiens témoins de ces événements.

l'unique moyen d'éloigner les Moscovites était de contracter une alliance avec la France et l'Angleterre, et que le négociateur né de cette alliance était l'évêque des chrétiens.

Le régent reçut la lettre sans manifester son sentiment. Partageait-il la manière de voir de ceux qui l'avaient écrite? On peut le supposer, puisqu'il s'informa du lieu où était Mgr Berneux, et exprima le désir de lui parler. Celui-ci venait de quitter Séoul pour commencer sa tournée d'administration. Jamais ses travaux apostoliques n'avaient été aussi féconds. Dans cette tournée si tragiquement interrompue, il avait baptisé de sa main huit cents adultes. L'invitation du régent lui fut transmise, et il se hâta d'y déférer. Quatre jours après, le 25 janvier, il était de retour à Séoul. Mais le régent, informé de son arrivée, négligea de l'appeler, et cette abstention laissait planer un doute terrible sur ses véritables dispositions. Dans l'intervalle, il est vrai, il avait eu avec un des auteurs de la lettre un long entretien sur la religion chrétienne, en avait admiré la doctrine morale, mais s'était plaint de l'interdiction qui proscrit les sacrifices aux ancêtres.

En réalité, le régent gagnait du temps; il

voulait s'inspirer des événements. Les ministres appartenaient tous au parti le plus animé contre le christianisme. Si le péril extérieur fût devenu plus pressant, peut-être l'influence du régent eût-elle suffi pour faire agréer le plan qui confiait aux missionnaires le salut de l'empire. Malheureusement une fois de plus les menaces des Européens avaient été vaines : le navire russe s'était éloigné ; le parti de l'intolérance triomphait. On se rappelait l'inanité des craintes conçues à l'époque de l'expédition anglo-française contre la Chine. « Ces diables d'Occident, disait-on, ne sont à craindre que sur mer ; ils n'osent pas descendre sur nos côtes, encore moins pénétrer dans notre pays. Est-ce que nous n'avons pas fait périr plusieurs de leurs prêtres? Pas un d'entre eux n'est venu pour les venger. Puisque ces prédicateurs d'impiété se sont dénoncés eux-mêmes en offrant leur intervention, l'occasion est bonne pour les exterminer et pour en finir avec leur secte. »

Tels étaient les propos qui s'échangeaient à la cour ; et le régent, à supposer que ses sentiments intimes fussent contraires, n'était pas homme à s'exposer pour protéger les chrétiens. Les mesures de violence et d'injustice ne répugnaient pas à son caractère. Il céda au courant, et la perte des missionnaires fut résolue.

Pendant ce temps Mgr Berneux, las d'attendre inutilement l'appel du régent, avait de nouveau quitté Séoul et repris ses travaux apostoliques, mais sans s'éloigner de la capitale. Il y rentra peu de jours après, le 5 février. La confiance avait commencé à le gagner; un billet qu'il écrivait le 10 février à M. Féron contient l'expression de ses espérances : « Je ne sais, dit-il, si, dans ma dernière lettre, je vous ai prié d'acquitter une messe pour la paix du royaume et l'heureuse conclusion des affaires qui occupent tous les esprits. C'est la mère du roi, — n'en dites rien à personne, — qui désire que chaque missionnaire célèbre une messe à ces intentions... Oui, il y a anguille sous roche, mais cette anguille ne se hâte pas de sortir. Je m'attendais à une entrevue avec le régent, puisqu'on me priait de revenir en toute hâte. Jusqu'à présent il n'y a rien encore; je pense qu'elle aura lieu; mais, dans tous les cas, nous avons fait un pas immense vers la liberté. Prions le Seigneur et notre bonne Mère de m'assister en ces graves circonstances. Recommandons aussi aux chrétiens d'être très circonspects. »

Hélas ! quatre jours après l'envoi de ce billet, le 14 février, le saint évêque ne pouvait plus se faire d'illusions sur le sort qui l'attendait. Des satellites venaient faire une perquisition chez lui, sous un prétexte fiscal. Mgr Berneux comprit qu'on voulait s'assurer de sa personne, mais il crut d'abord qu'on se proposait seulement de le garder à vue, et dès lors il refusa de changer de retraite, craignant que, pour le découvrir, la police n'étendît ses investigations à toutes les maisons des chrétiens, et que les vexations ne devinssent générales.

La perfidie d'un mauvais chrétien qui servait de domestique à l'évêque de Capse, amena précisément le résultat que, dans son dévouement, celui-ci avait voulu prévenir. Le traître indiqua aux satellites la résidence exacte des autres missionnaires, dispersés dans tout le royaume, et leur arrestation fut résolue.

Comme nous n'écrivons pas l'histoire générale de la persécution de 1866, nous ne traiterons avec détail que les faits qui concernent M. de Bretenières. Disons seulement que Mgr Berneux fut pris le premier. Le 23 février, à quatre heures du soir, sa maison fut envahie; il fut saisi, garrotté, puis, comme il n'opposait aucune résistance, délié presque aussitôt et conduit d'abord au *tribunal de droite*[1], puis de là à la prison criminelle ou *Kou-Riou-Kan,* où sont enfermés pêle-mêle les malfaiteurs de bas étage. Mais, le lendemain ou le surlendemain, on le transféra à la prison de *Keum-Pou,* réservée aux accusés nobles et aux criminels d'État.

Dans nos contrées toutes pénétrées de la civilisation chrétienne, la prison n'est une peine que parce qu'elle prive de la liberté; la procédure criminelle n'a d'autre but que de découvrir les vrais coupables; enfin la peine suprême est la peine de mort, infligée sous sa forme la plus rapide et la plus simple. Mais la cruauté qui caractérise toute civilisation étrangère à l'influence de l'Évangile ne s'accommode pas d'une répression aussi douce. La prison est par elle-même un supplice; tout interrogatoire est accompagné de

---

[1] Ainsi nommé parce qu'il est situé à droite du palais du roi.

tortures; enfin la mort elle-même n'est donnée que sous une forme lente et douloureuse.

La Corée ne fait pas exception à cette règle. Pour atteindre aux dernières limites de la cruauté, les persécuteurs du christianisme n'ont qu'à faire application aux disciples de Jésus-Christ des dispositions du code criminel. Il est vrai que ceux-ci peuvent d'ordinaire s'y soustraire par l'apostasie. Cependant, même dans ce cas, il est rare que la torture ne soit pas continuée quelque temps à titre de châtiment, ou pour obliger le patient à dénoncer ses complices, c'est-à-dire ses coreligionnaires.

La prison, d'abord, est le rendez-vous de toutes les souffrances. Contre les hautes murailles d'une vaste enceinte s'appuient de petites baraques en planche, ouvrant sur une cour intérieure. Point de fenêtres, pas d'autre ouverture qu'une petite porte. L'air et le jour ne pénètrent pas dans ces cachots; mais le froid en hiver, la chaleur en été, y règnent sans atténuation. Couché sur la terre nue, recevant, quand le temps est humide, les infiltrations de la pluie, le prisonnier tour à tour étouffe ou gèle, respire un air infect, condamné à vivre dans l'ordure, rongé par la vermine, et dévoré par la faim et la soif; car la nourriture consiste dans une petite écuelle de millet, de la grosseur du poing, qu'on lui fait passer deux fois par jour. Dans la prison du Kou-Riou-Kan, le son d'une cloche perpétuellement agitée empêche les captifs de communiquer entre eux, et trouble leur repos. Les confesseurs de la foi qui ont traversé les grandes persécutions sont unanimes à dire qu'ils redoutaient cent fois plus la prison que la torture.

Et pourtant quels supplices que ceux qui accompagnent les interrogatoires! Le plus ordinaire, celui auquel aucun accusé ou criminel n'échappe, c'est la bastonnade sur les jambes. Assis et ficelé sur une chaise de bois, le patient, à chaque question qu'on lui adresse, reçoit un certain nombre de coups sur le devant des jambes. On se sert, pour le frapper, de bâtons carrés ou triangulaires comme des pieds de table, dont les arêtes meurtrissent et souvent brisent les os.

A cette question ordinaire s'ajoutent, dans les causes plus graves, la courbure ou l'écartement des os, la planche, la poncture des bâtons, la suspension, le sciage des jambes, etc.

La courbure des os se fait en insérant une pièce de bois entre les jambes serrées aux chevilles, et en rapprochant graduellement les genoux jusqu'à ce que les tibias se courbent sans se rompre.

L'écartement des os consiste à lier les bras derrière le dos et à ployer les épaules en arrière en les rapprochant : les os se disloquent et souvent se brisent.

La poncture des bâtons consiste en coups de pointe portés avec des bâtons aigus sur toutes les parties du corps; la planche, en coups assenés sur les mollets avec le tranchant d'une planche de chêne, jusqu'à ce que les chairs volent en lambeaux.

Dans le supplice de la suspension, le patient est soulevé par les bras préalablement liés derrière le dos; en cet état, il reçoit des coups de rotin qui lui feraient rendre l'âme, si de temps en temps on ne le déposait à terre pour le laisser respirer. Des cordes de crin, passées autour des jambes et tirées alternativement en sens contraire jusqu'à ce qu'elles pénètrent dans les chairs, forment le supplice du sciage des jambes.

Après avoir subi un ou plusieurs de ces tourments, le prévenu reçoit quelques soins, puis est reconduit ou porté dans sa prison jusqu'au prochain interrogatoire. Presque toujours la sentence de mort est précédée de trois ou quatre épreuves de ce genre, à plusieurs jours d'intervalle. On se figure ce que doivent être les souffrances des malheureux qu'on jette en cet état sur la terre nue pour attendre de nouveaux supplices, et que consument, en attendant, la fièvre, la faim, la soif, en même temps que les insectes de toute sorte, cancrelas, poux et moustiques, rongent leur chair ensanglantée, et font pénétrer la corruption dans leurs plaies.

Reprenons maintenant le récit des événements.

Le 23 février, jour de l'arrestation de Mgr Berneux, M. de Bretenières s'était rendu dans un *kong-so*[1] de Seoul, où il confessa deux personnes, donna la confirmation à une autre, et bénit un mariage. En rentrant chez lui, il apprit l'arrestation de son évêque.

---

[1] On appelle *kong-so*, ou *lieu d'assemblée*, la maison d'un chrétien momentanément décorée pour la célébration des saints offices ou l'administration des sacrements.

Ne sachant encore quelles en seraient les suites ni quelle extension prendrait la persécution, il se borna à dépêcher des courriers à Mgr Daveluy et aux autres missionnaires dont il connaissait la résidence actuelle, et attendit les événements avec cette tranquillité sereine qui était le fond de sa vertu. Le lendemain 24, il dit la messe pour la dernière fois. Dès le 25 au matin sa maison était cernée, et il était arrêté avec le catéchiste Marc Tieng. Son serviteur Paul Phi, qui était sorti, dut la vie à ce hasard. Les deux prisonniers furent gardés dans leur demeure pendant vingt-quatre heures ; on ne les emmena que le 26 à l'aube du jour. Comme Mgr Berneux, Just ne fit aucune résistance, et fut d'abord traité avec égards ; deux satellites le tenaient seulement par les manches de sa robe : une corde rouge, réservée aux criminels de marque, liait légèrement ses bras croisés sur sa poitrine.

Tout se passa pour lui comme pour son évêque. Conduit au tribunal de droite, il fut interrogé une première fois sans torture, et, incapable encore de tenir de longs discours dans la langue coréenne, dont il ne savait que les phrases utiles pour le ministère, il se contenta de répondre : « Je suis venu en Corée pour sauver des âmes; je mourrai pour Dieu avec plaisir. »

Du tribunal on le conduisit dans la prison des voleurs, le Kou-Riou-Kan, séjour sordide et infect, dont il ouvrit et referma plusieurs fois rapidement la porte, sans doute pour y introduire un peu d'air respirable.

Le lendemain il fut transféré à la prison du Keum-Pou, où sont enfermés les accusés d'un plus haut rang, dans des cellules isolées. C'est de là qu'il fut extrait les jours suivants pour subir jusqu'à quatre interrogatoires, soit devant les ministres, soit devant les grands juges des tribunaux de droite ou de gauche.

Sur l'un des côtés d'une vaste cour rectangulaire, s'élève l'estrade du tribunal; au milieu de l'enceinte le patient est solidement lié par les jambes et par les épaules à une chaise, de façon que, même sous les coups, il ne peut faire un mouvement. A ses côtés quatre, six ou huit exécuteurs, debout sur deux lignes, tiennent à la main les instruments de supplice. Derrière eux, séparé de l'accusé par un voile, est assis le scribe qui note ses réponses. A quelques pas en arrière, quatre-vingts soldats armés de divers instruments de torture sont rangés en forme de fer à cheval, tandis qu'une seconde ligne contient la foule des curieux. Aussitôt que l'interrogatoire est commencé, les quatre-vingts soldats font entendre une sorte de mélopée sourde et cadencée, dont le bruit couvre la voix du patient, et empêche ses paroles ou ses cris d'arriver aux oreilles du public.

Mais dans la foule il y avait beaucoup de chrétiens attentifs à noter toutes les circonstances du drame, et c'est à leurs dépositions, recueillies plus tard, quand la persécution eut cessé, que nous devons les détails malheureusement incomplets que nous allons donner.

Dans chacun des quatre interrogatoires, Just reçut la bastonnade sur les os des jambes, sur le dessus des pieds et sur les orteils; il subit aussi la poncture des bâtons. Peut-être, ainsi que l'évêque de Capse, eut-il encore à endurer d'autres supplices; mais aucun témoignage ne permet de l'affirmer.

Les témoins ont été unanimes à dire qu'après Mg^r Berneux, principal objet de la haine des persécuteurs, ce fut lui qui fut le plus cruellement tourmenté; sa connaissance

imparfaite de la langue coréenne l'obligeait
de s'enfermer dans un silence qu'interrompait seulement la profession de sa foi. Vaniteux autant que cruels, les juges voyaient
dans ce mutisme une sorte d'irrévérence.
Peut-être aussi, parce que le jeune missionnaire, avant son arrestation, résidait auprès
de son évêque, lui attribuaient-ils une sorte
de prééminence sur les autres. C'en était
assez pour le désigner à de plus grandes
rigueurs.

Pendant toute la durée des tortures, les
chrétiens ont remarqué que l'angélique jeune
homme n'a pas poussé un cri ni un soupir.
Les yeux baissés, le visage impassible, il révélait seulement par le mouvement de ses
lèvres la continuité de sa prière. Comme les
illustres martyrs des premiers siècles, il
mettait en Dieu toute sa confiance et recommandait à sa protection l'issue de son glorieux combat. *Lætissime et glorianter ibat
ad carcerem, quasi ad epulas invitata; et
agonem suum Domino precibus commendabat*[1].

Dans l'exercice de cet héroïsme tranquille,

----

[1] Office de sainte Agnès, antienne du IIe Nocturne, bréviaire romain; 5 février.

Just se montra le digne émule de son saint évêque, dont un témoin a dit : « Mgr Berneux est toujours et partout plein de dignité et de sainteté. »

Après chaque interrogatoire, on enveloppait les jambes meurtries du supplicié avec du papier huilé, et on le reportait à sa prison.

Quand les interrogatoires furent terminés, les confesseurs de la foi furent transférés de nouveau du Keum-Pou à la prison des voleurs (Kou-Riou-Kan), où la vie était infiniment plus dure, mais où du moins les confesseurs de la foi avaient la consolation de pouvoir communiquer entre eux.

Qui dira ce qui se passa entre l'évêque et son prêtre dans ces rencontres suprêmes, sublimes veillées du martyre? Saint Sixte et saint Laurent, s'il leur eût été donné de souffrir ensemble, n'eussent pas échangé d'autres entretiens.

MM. Beaulieu et Dorie avaient été arrêtés les 27 et 28 février, dans une province peu éloignée de Séoul. Amenés dans cette ville, ils subirent les mêmes interrogatoires et partagèrent le sort du vicaire apostolique et de son compagnon.

Le dernier interrogatoire s'était terminé

pour chacun d'eux par une sentence de mort. Quelques jours se passèrent dans l'attente de l'exécution, dans les tortures d'un corps brisé, dans les souffrances d'une captivité plus cruelle que les supplices, mais aussi, — nous n'en pouvons douter, et la joie peinte sur le visage des victimes à l'heure de l'immolation en a fourni la preuve, — dans les saintes extases de l'espérance et de l'amour.

Le 8 mars 1866, les quatre condamnés furent extraits de la prison. Mgr Berneux sortit le premier; MM. de Bretenières, Beaulieu et Dorie suivaient leur chef et leur père. Incapables de se tenir debout, ils étaient portés chacun sur une chaise de bois, de forme allongée, les jambes et les bras étendus en avant et liés aux barreaux, la tête renversée en arrière et attachée par les cheveux. Au-dessus de la tête, comme au-dessus de la croix du Sauveur, une planchette portait inscrite la sentence de condamnation : « *Un tel* (le nom coréen du missionnaire)[1] rebelle, et désobéissant, condamné à mort après avoir subi plusieurs supplices. »

Pendant le trajet, les porteurs se reposèrent plusieurs fois. Dans ces intervalles,

---

[1] *Païk* était le nom coréen de M. de Bretenières.

Mgr Berneux s'entretenait avec ses fils spirituels, qui ne pouvaient dissimuler leur allégresse. Parfois, jetant les yeux sur la foule
des curieux, il s'écriait en soupirant : « Hélas !
mon Dieu ! qu'ils sont à plaindre ! » Quelques
assistants ayant eu la lâcheté d'insulter et de
railler les martyrs, le saint évêque, apôtre
jusqu'au bout, leur dit avec fermeté : « Ne
vous moquez pas et ne riez pas ainsi ; vous
devriez plutôt pleurer. Nous étions venus
pour vous enseigner la voie qui conduit
au ciel, et voilà maintenant que nous ne
pourrons plus le faire. Que vous êtes à
plaindre ! »

Les exécutions capitales se font en divers
lieux, suivant le caractère de l'accusation
et la qualité des condamnés. Les criminels
d'État sont décapités sur une grande plage
de sable, appelée *Sai-nam-to*, située à une
grande lieue de Séoul, à dix minutes environ
du fleuve, et l'on développe, pour les mettre
à mort, un appareil plus solennel qui ne fait
que prolonger l'agonie et les souffrances des
victimes.

Sur l'un des côtés de l'enceinte, on a
dressé une tente, où prend place le mandarin
qui préside à l'exécution. Outre l'escorte

militaire qui l'accompagne, quatre cents soldats en armes tiennent la foule en respect.

M⁹ʳ Berneux est appelé le premier. On le dépose à terre, on le délie, on le dépouille de ses vêtements; on lui jette de l'eau sur le visage, qu'on asperge ensuite de chaux; chacune des deux oreilles, repliée sur elle-même, est percée d'une flèche qui demeure fixée de haut en bas dans la plaie. Sous les bras du martyr, qu'on a liés derrière son dos, on passe un long bâton; deux soldats l'enlèvent et, le soutenant en l'air dans cette posture douloureuse, commencent une marche en spirale; huit fois ils font le tour de l'arène, rétrécissant le cercle à chaque tour, de manière à finir au milieu. Un long cortège de soldats, armés d'instruments de supplices, accompagne le patient. Le reste du détachement militaire exécute des marches et des contremarches dont l'appareil compliqué sert de spectacle à la foule. Arrivé au centre de l'arène, on dépose le saint évêque à terre, appuyé sur ses genoux, la tête penchée en avant, les cheveux liés à une corde que tient un soldat. Autour de lui six bourreaux, armés de coutelas à large lame, attendent le signal de l'exécution. Dès que le mandarin l'a donné, ils se mettent à danser autour de la victime, brandissant leurs couteaux et poussant des cris féroces. Chacun d'eux peut frapper quand il veut, et ce jeu cruel met à leur merci les derniers instants du condamné.

Au troisième coup, la tête de Mgr Berneux roule sur le sol. Tous les soldats crient ensemble : *C'est fait.* Le chef du martyr est relevé et placé sur une planchette avec deux baguettes qui permettront au mandarin de la retourner sans y toucher. Le lugubre cérémonial n'est pas achevé; et, tandis que les trois missionnaires attendent leur sort, les soldats reprennent en sens inverse leur marche circulaire, et, après avoir fait huit fois le tour de l'arène, ils arrivent devant la tente du président et lui présentent la tête ensanglantée. Puis on la reporte au lieu de l'exécution, et on la suspend par les cheveux à un poteau au-dessus du cadavre.

Just de Bretenières passa le second par cette longue série de souffrances et d'angoisses. Sa sérénité souriante ne l'abandonna pas un moment. Il y avait si longtemps qu'il soupirait après cette heure! Il allait au supplice comme le voyageur au port. Sa tête ne tomba qu'au quatrième coup.

MM. Beaulieu et Dorie traversèrent les mêmes épreuves. Trois jours après, le 11 mars, moururent au même lieu, après avoir rendu à Jésus-Christ le même témoignage, MM. Pourthié et Petitnicolas, arrêtés le 2 mars dans une province voisine. Avec eux périrent un jeune Coréen de vingt-un ans, Alexis Ou, qui avait eu beaucoup à souffrir pour devenir chrétien, et qui se montra héroïque au milieu d'affreux tourments, et un catéchiste âgé de soixante-seize ans, Marc Tieng, serviteur dévoué des missionnaires, dont la constance ne fut pas moins admirable dans les supplices.

La mort de ces huit confesseurs consomma le premier acte de la sanglante tragédie qui allait ravir encore à l'Église de Corée tant d'autres vies précieuses.

D'après la loi coréenne, les corps des condamnés doivent demeurer trois jours exposés sur le lieu même de leur supplice. Ensuite leurs parents ou leurs amis peuvent recueillir et inhumer leurs restes. En d'autres temps, les chrétiens de Séoul n'eussent pas manqué de rendre ce pieux devoir à leurs pères dans la foi. La terreur de la persécution les retint, et ce furent les païens du village voisin qui durent, suivant la coutume du pays, pourvoir à la sépulture. Les quatre martyrs furent ensevelis dans une même fosse. Mais environ cinq mois après, la persécution étant assoupie, les chrétiens vinrent exhumer les corps. Ruinés et dépouillés de tout, ces pauvres gens eurent mille peines à faire face aux frais bien modestes de ces funérailles. Pour se procurer quatre cercueils et les quelques objets nécessaires, ils vendirent ce qui leur restait; une femme vendit jusqu'à son alliance.

Au jour marqué, quarante d'entre eux se rendirent de nuit à la fosse, reconnurent les corps et préparèrent tout pour l'ensevelissement. Le retour de l'aurore les obligea de se retirer. Ils revinrent deux jours après avec de l'eau bénite et des livres contenant l'office des morts. Ils creusèrent trois grandes fosses. Dans la première furent déposés les cercueils de Mgr Berneux, au milieu, de M. de Bretenières, à sa droite, et d'Alexis Ou, à sa gauche; on mit dans la deuxième fosse les cercueils de MM. Pourthié et Petitnicolas; dans la troisième on plaça les cercueils de

MM. Beaulieu et Dorie. Une petite écuelle en terre, placée en tête de chaque cercueil, contenait le nom du martyr. Ces dépouilles sacrées reposent à une demi-lieue de Séoul, sur le flanc de la montagne appelée Ouai-Ko-Kai.

Notre tâche est terminée : toutefois, avant de reporter nos regards vers la France, où ces douloureuses nouvelles allaient faire couler tant de larmes, nous devons au lecteur le récit abrégé des événements qui suivirent la mort des premières victimes, et qui ajoutèrent des pages si glorieuses aux annales héroïques de la chrétienté coréenne.

CHAPITRE VII

Instruits par les dénonciations du traître
Ni-Son-i, qui avait livré Mgr Berneux, les
mandarins savaient qu'il y avait encore d'autres prêtres français en Corée; ils connaissaient même le lieu ordinaire de leur résidence. Les satellites, — sortes de gendarmes
ou d'agents de police militaire, — furent
lancés dans toutes les directions. Ce fut
Mgr Daveluy qui fut pris le premier. Appelé
lui aussi par le régent, il avait quitté Séoul
après une attente inutile, et avait repris sa
tournée d'administration dans la plaine de
Nai-Ho, lorsqu'il reçut le billet de M. de Bretenières, qui l'informait de l'arrestation de
Mgr Berneux. Il crut d'abord à un simple in-

cident et appela auprès de lui MM. Aumaître et Huin pour se concerter avec eux ; puis ils se séparèrent de nouveau. Le 11 mars, jour du martyre de MM. Pourthié et Petitnicolas, il fut arrêté chez un catéchiste qui le cachait dans sa maison. Encore convaincu que le gouvernement ne songeait pas à ordonner une persécution générale et n'en voulait qu'aux missionnaires européens, il craignit, en laissant se prolonger les recherches, de compromettre un plus grand nombre de chrétiens, et il fit dire à M. Huin qu'il lui conseillait de venir le rejoindre. Les satellites, en faisant porter la lettre, lui promirent de ne pas procéder à d'autres arrestations ; mais la promesse ne fut pas tenue, et bientôt la terreur s'étendit sur tout le pays. M. Huin déféra immédiatement à l'avis de son évêque ; et, presque en même temps, M. Aumaître, avant d'avoir reçu un semblable avis, que Mgr Daveluy lui avait également expédié, mais obéissant à la même pensée de charité pour les pauvres Coréens, se livra aux satellites. Aussi bien les mesures de rigueur prises par la police ôtaient aux missionnaires nommément recherchés tout espoir d'échapper aux poursuites : ils ne pouvaient, en se cachant quelques jours de plus, qu'attirer de nouveaux malheurs sur un plus grand nombre de maisons suspectes.

Satisfaits de cette reddition spontanée, les satellites mirent en liberté les chrétiens arrêtés avec l'évêque. Mais le serviteur de celui-ci, Luc Hoang, refusa de s'en aller et voulut partager le sort de son maître. Ici comme ailleurs, les exemples du dévouement le plus sublime côtoyaient ceux de la plus noire perfidie.

Tandis qu'on emmenait les confesseurs de la foi à la capitale, un riche païen s'approcha de Mgr Daveluy, et lui dit avec l'accent d'une respectueuse sympathie : « Au point de vue de l'âme, ce que vous faites est bien beau ; mais votre sort est terrible et me fait grande compassion. » L'évêque, ému de ce généreux sentiment, serra la main de l'étranger en signe de reconnaissance.

Conduits à Séoul et enfermés dans le Kou-Riou-Kan, les quatre prisonniers subirent les interrogatoires et les tortures ordinaires. Les détails manquent sur les circonstances de leur confession. Nous savons seulement que Mgr Daveluy fut le plus cruellement tourmenté, et que, questionné sur la religion, il fit de ses interrogatoires l'occasion d'une prédication développée de la foi chrétienne.

Tandis qu'on préparait l'exécution à Sai-Nam-To, un ordre supérieur décida qu'elle aurait lieu en province. Le roi étant malade, on devait consulter les sorciers sur sa guérison, et le supplice des étrangers aurait pu troubler les augures. Au dernier moment un catéchiste, Joseph Giang, fut adjoint aux quatre victimes. Les cinq condamnés furent conduits à Sourieng, sur les bords de la mer. Ils firent la route à cheval, ne pouvant plus se tenir sur leurs jambes. Leurs visages portaient à la fois la trace des horribles douleurs qu'ils avaient endurées, et l'expression de la joie céleste qui remplissait leurs âmes. Le jeudi saint, 29 mars, ils étaient arrivés assez près du lieu de l'exécution. Mgr Daveluy entendit les satellites qui, causant entre eux, se promettaient de retarder encore l'immolation des victimes pour aller les montrer à la ville voisine. Alors, touché d'un saint désir de mourir le jour même de la mort du Sauveur, il s'écria avec autorité : « Ce que vous dites là est impossible ; c'est demain que nous devons mourir. » Dieu permit que ces barbares se rendissent au vœu du martyr, et le lendemain, vendredi saint, 30 mars 1866, l'évêque d'Acônes, avec ses deux prêtres, son catéchiste et son serviteur, rendit à Jésus-Christ le témoignage du sang.

On dit que le mandarin qui présidait à l'exécution voulut que les martyrs se prosternassent devant lui. C'est l'usage, en Corée, que les condamnés saluent ceux qui les font mourir. Mgr Daveluy répondit noblement qu'il saluerait à la manière française, et il refusa de se mettre à genoux. Une poussée brutale le jeta la face contre terre.

Un autre incident cruel marqua le supplice du saint évêque. L'exécuteur chargé de le frapper n'avait pas fait le prix de sa sanglante besogne. Après avoir déchargé sur sa victime un premier coup qui lui entailla profondément la nuque, il s'arrêta et refusa de continuer si on ne lui promettait une forte somme. L'avarice du mandarin résistait à ses prétentions. Il fallut réunir les employés de la préfecture pour décider le cas. La discussion dura un quart d'heure, pendant lequel la victime se débattait à terre dans les convulsions de l'agonie. Enfin le marché fut conclu, et deux nouveaux coups de sabre délivrèrent l'âme du martyr.

MM. Aumaître et Huin, et ensuite les deux

Coréens, furent décapités à leur tour.

Les corps des martyrs, d'abord exposés pendant trois jours, puis enterrés par les païens dans le sable, furent exhumés par les chrétiens quelques semaines plus tard, et déposés près d'un village du district de Hong-San, dans une large fosse.

L'espoir des saintes victimes, qui avaient cru sauver les chrétiens de Corée par leur sacrifice, fut cruellement déçu. La persécution prit bientôt une extension plus grande, un caractère plus rigoureux que toutes celles qui avaient précédé. L'année 1866 ne vit que massacres, pillages, dévastations. Les chrétiens furent traqués en tous lieux, arrêtés par bandes, tantôt soumis aux plus épouvantables tortures et exécutés solennellement, tantôt étranglés clandestinement dans leurs prisons. Privés du soutien des missionnaires, assistant, sans espoir de délivrance, à la ruine de leur Église, beaucoup cherchèrent dans l'apostasie extérieure une protection qui souvent leur échappa ; car la haine de leurs bourreaux semblait plus jalouse d'exterminer les croyants que de les ramener au culte national. Le sabre des exécuteurs, la corde des étrangleurs n'allant plus assez vite au gré des mandarins, on imagina une espèce de guillotine en bois qui, en laissant retomber une longue poutre sur le cou des condamnés liés ensemble, faisait périr vingt ou vingt-cinq personnes à la fois. Ailleurs on alla jusqu'à enterrer les prisonniers vivants dans de larges fosses; la terre et les pierres qu'on jetait sur leur corps leur donnaient en même temps la mort et la sépulture.

Un autre caractère de la persécution commencée en 1866, fut sa durée : pendant quatre ans, elle se continua avec des intermittences de calme et de nouvelles reprises de rigueur. En 1870, on évaluait à *huit mille* le nombre de personnes ayant péri de mort violente, sans compter celles qui avaient succombé à la misère et à la faim. S'il y a quelque exagération dans ces évaluations difficiles à contrôler, il est certain du moins que le nombre des victimes fut immense, et que le royaume tout entier fut couvert de sang et de ruines.

L'intervention insuffisante de la marine française fut une des causes qui contribuèrent à rendre la persécution plus atroce. Informé de la mort des missionnaires français, le contre-amiral Roze, qui commandait la division navale des mers de Chine, fit, au mois de septembre, une première démonstration sur les côtes de Corée. Il revint au mois d'octobre avec une frégate, deux corvettes, deux avisos et deux canonnières. Les premières opérations furent bien conduites; on s'attaqua à l'île de Kang-Hoa, arsenal et boulevard de la Corée. La ville et la citadelle furent enlevées de vive force. De là fut adressé au gouvernement coréen une sommation qui réclamait des satisfactions pour le meurtre des Français. Exaltés par l'impunité qui avait suivi leurs précédents attentats, les chefs de la nation dédaignèrent de répondre. L'amiral envoya alors un détachement de cent soixante marins, sans artillerie, dans l'intérieur de l'île. En face des grands préparatifs de guerre faits par l'ennemi, c'était là une force dérisoire. La petite troupe dut s'arrêter devant une pagode fortifiée, d'où les Coréens abrités fusillaient nos matelots sans souffrir de leur feu. Après d'héroïques, mais inutiles efforts, le détachement dut se replier sur Kang-Hoa, emportant plus de trente blessés et tenant en respect sur ses derrières les soldats coréens envoyés à sa poursuite. Il était facile encore de réparer ce petit échec, en entrant avec la flottille dans le fleuve de Séoul et en allant bombarder la capitale. L'amiral craignit d'engager une guerre trop sérieuse sans instructions de son gouvernement. Malgré les supplications de M. Ridel, qui était à son bord, il appareilla pour la Chine, laissant les persécuteurs du christianisme plus enflés que jamais de l'orgueil de leur prétendue victoire.

Les Anglais de Hong-Kong triomphèrent de notre impuissance et parlèrent de prendre en main la cause de la civilisation; mais, comme il n'y avait pas en Corée d'occasions d'écouler leurs marchandises, ils s'en tinrent aux paroles et n'en vinrent pas à l'action.

Plus tard, en 1871, une expédition américaine ne fut pas plus heureuse. A la suite de plusieurs actes de violence commis par le gouvernement coréen sur des naufragés américains qui avaient été massacrés, l'amiral Rodgers vint avec quelques vaisseaux et des canonnières. Il procéda comme avait fait l'amiral Roze, fit des sommations qui demeurèrent sans résultat, tenta une démonstration insuffisante, puis, voyant grandir au delà de ses prévisions les proportions de l'affaire, se retira sans coup férir. Quand donc les gouvernements des nations civilisées comprendront-ils qu'il faut, lorsqu'on traite avec les peuples barbares, choisir résolument entre la paix ou la guerre? L'intervention armée en faveur des missionnaires et des chrétiens est d'une utilité contestable : là-dessus les missionnaires eux-mêmes ne sont pas d'accord. Ceux qui la souhaitent conviennent d'ailleurs qu'elle présente, à côté d'avantages évidents, des inconvénients très graves. Elle confirme les païens dans la persuasion où ils sont que les apôtres de l'Évangile sont des émissaires destinés à préparer les voies à une invasion étrangère; dès lors la prédication de la doctrine chrétienne devient un acte d'hostilité contre la nation, et les chrétiens indigènes passent pour de mauvais citoyens, dangereux pour l'indépendance de leur patrie.

Si l'intervention réussit, elle assure sans doute, dans une certaine mesure, rarement suffisante d'ailleurs, la liberté religieuse aux convertis et la sécurité aux missionnaires. Mais, sans parler de la mauvaise foi des Asiatiques, qui trouve tant de faux-fuyants pour échapper aux obligations des traités, le succès même des revendications européennes amène, avec les relations commerciales, un contact des plus dangereux pour la foi des chrétiens orientaux. Le grand instrument de conquête dans la main des ouvriers évangéliques, c'est la supériorité morale de la doctrine qu'ils prêchent ; et les exemples admirables que donnent à leurs catéchumènes ces héros du christianisme appuient l'efficacité de leurs paroles. Lorsque, à la place de ces saints, les néophytes voient des Européens, chrétiens de nom, mais sans foi et sans mœurs, sans respect même pour la religion de leur pays et pour ses ministres; quand l'or et la propagande des protestants vient leur révéler les divisions que le schisme et l'hérésie ont introduites dans l'unité de l'Église, ils sont tout ensemble troublés dans leurs croyances et sollicités par le mauvais exemple.

Et cependant, quand de vastes empires comme la Chine ou des royaumes comme la Corée s'obstinent à s'enfermer derrière d'absurdes préjugés et à faire de la profession du christianisme un crime d'État, on comprend que les témoins et les victimes de ces vexations poussent d'ardents soupirs vers ce bien suprême dont saint Anselme a dit que

« Dieu n'aime rien tant au monde », je veux dire *la liberté de son Église*.

Il y a donc du pour et du contre dans cette question de l'appui temporel donné ou refusé à l'apostolat. Mais ce qui est incontestablement mauvais, ce qui réunit tous les inconvénients, tous les périls, à l'exclusion de tous les avantages, c'est le système des demi-mesures, des démonstrations insuffisantes, des actes d'intimidation non suivis d'effet. C'est cependant le spectacle que donnent l'une après l'autre toutes les nations européennes et l'Amérique elle-même, chaque fois qu'un intérêt matériel n'est pas l'enjeu principal de leurs querelles avec les Asiatiques. Cette politique néfaste a fait couler en Chine, en Annam, au Tonkin, et surtout en Corée des torrents de sang. Fasse le ciel qu'une expérience si cruellement acquise éclaire enfin ceux qui tiennent le glaive, et leur apprenne à ne le tirer désormais que s'ils sont décidés à faire justice avant de le remettre au fourreau !

Le lecteur ne nous pardonnerait pas de dire adieu à la terre de Corée sans l'instruire du sort des missionnaires échappés au massacre de 1866.

Ils étaient au nombre de trois, MM. Calais, Féron et Ridel. Ils avaient réussi à se cacher chacun de leur côté, au prix de souffrances inouïes, ignorant le sort les uns des autres, à toute heure attendant la mort, et profitant des jours que Dieu leur laissait pour soutenir, par la parole et par l'administration des sacrements, les quelques chrétiens avec lesquels ils restaient en rapport. Au bout de deux mois, le 15 mai, M. Ridel rejoignait M. Féron. Un mois après, ils eurent des nouvelles de M. Calais, et purent correspondre avec lui. Ils tombèrent d'accord d'envoyer l'un d'eux en Chine pour porter les nouvelles et chercher du secours. M. Féron, qui, en sa qualité de plus ancien missionnaire, héritait de l'autorité sur ses confrères, désigna pour cette périlleuse mission M. Ridel, qui, à travers mille périls, réussit à gagner le rivage, à fréter une barque dont tous les matelots étaient chrétiens, et à faire le voyage avec cet équipage, étranger jusque-là à la navigation du large, et que guidait seule la boussole du missionnaire.

Il aborda le 7 juillet à Tché-Fou, d'où il gagna Tien-Tsin, et informa le contre-amiral Roze de tout ce qui s'était passé en Corée.

Une révolte en Basse-Cochinchine obligea ce-lui-ci de retarder son expédition. Quand il l'entreprit au mois de septembre, M. Ridel l'accompagna comme interprète et eut la dou-leur de revenir avec la flottille après l'insuccès du mois d'octobre.

Pendant ce temps, les chrétiens coréens avaient conduit MM. Féron et Calais jusqu'à une jonque chinoise, qui les avait amenés à leur tour à Tché-Fou. Il n'y avait donc plus de prêtres en Corée. L'inutilité de l'expédi-tion française, le redoublement de persécu-tion dont elle avait donné le signal, rendaient la situation des Européens intenable dans toute l'étendue du royaume.

Les trois missionnaires se rendirent au Léao-Tong pour travailler sous les ordres de Mgr Verrolles à Notre-Dame-des-Neiges, en attendant qu'il leur fût permis de retourner dans leur mission. M. Calais en 1867, M. Ridel en 1869, tentèrent d'y pénétrer et, après avoir couru les plus grands dangers, durent rega-gner la Mandchourie. C'est de là que M. Ridel se rendit à Rome pendant le concile; il y fut désigné par le Saint-Père pour recueillir le glorieux héritage de Mgr Berneux. Le jour de la Pentecôte, 5 juin 1870, il reçut la consécration épiscopale dans l'église du *Gesù*, des mains du cardinal de Bonnechose, assisté de deux vicaires apostoliques, Mgr Verrolles, de Mandchourie, et Mgr Petitjean, du Japon.

Le nouveau vicaire apostolique de Corée devait attendre longtemps encore l'occasion favorable pour rentrer évêque dans ce pays qui avait eu les prémices de son sacerdoce.

Cinq ans après son sacre, en 1875, il faisait avec M. Blanc, par la voie de mer, une tentative infructueuse. Reprise en 1876, l'expédition réussit. MM. Blanc et Deguette purent débarquer en Corée et s'établir à Séoul. Mgr Ridel, qui les avait accompagnés avec l'intention d'entrer lui aussi dans le royaume, céda aux conseils des missionnaires et aux prières des chrétiens, qui l'engageaient à différer encore un peu. Enfin, au mois de septembre 1877, le vicaire apostolique pénétrait secrètement en Corée avec deux jeunes missionnaires, MM. Doucet et Robert.

Dès le mois de janvier suivant, 1878, un courrier du vicaire apostolique à destination de la Chine était intercepté, et cet incident donnait l'éveil à la police coréenne. Le 28 janvier, Mgr Ridel était arrêté et incarcéré à Séoul. On le traita avec égards et, bien qu'interrogé plusieurs fois, il ne subit aucune torture. Évidemment le gouvernement craignait l'intervention de la France. La captivité du vicaire apostolique dura cinq mois, durant lesquels il eut beaucoup à souffrir dans un cachot infect où la promiscuité avec les voleurs ajoutait à l'horreur du lieu. Il y fut témoin des atrocités commises par les satellites contre les malheureux emprisonnés avec lui : plusieurs d'entre eux périrent de misère ou succombèrent sous les coups du bâton; d'autres furent étranglés sous ses yeux. Maintes fois il crut toucher à sa dernière heure et se prépara au martyre. Il n'eût pas échappé au sort de ses prédécesseurs si le gouvernement chinois, à l'instigation de M. Patenôtre, représentant de la France à Pé-King, n'eût réclamé son élargissement. La Corée finit par céder aux sommations du Céleste-Empire, et l'évêque fut reconduit à la frontière de Tartarie.

Il restait en Corée quatre missionnaires, dont l'un, M. Deguette, fut arrêté à son tour, puis pareillement renvoyé en Chine. Les trois autres continuèrent, au péril de leur vie, l'évangélisation du pays.

Après trois années d'attente et une tentative manquée, deux nouveaux missionnaires réussirent à entrer en Corée, vers le mois de décembre 1880. Cette expédition clôt la série des voyages effectués par barques chinoises, avec rendez-vous donné sur la côte coréenne. Quelques mois après, le 18 mars 1881, l'un des deux nouveaux venus, M. Liouville, découvert par les satellites, fut enfermé chez lui et gardé à vue; mais sur l'ordre du gouverneur, qui craignait quelque fâcheuse affaire, il fut élargi au bout de trois jours. Depuis lors, les missionnaires n'ont plus eu de démêlés avec la police.

Un vent de liberté commençait en effet à souffler sur ce malheureux pays. Cette même année 1881, une grammaire et un dictionnaire coréens-français, publiés à Nagazaki, semblaient préparer les voies aux relations de la Corée avec la France. Le Japon, d'où partait ce signal de pacifique échange, avait déjà obtenu pour ses nationaux l'ouverture de trois ports. En 1882 les États-Unis concluaient un traité qui leur assurait les mêmes avantages. En 1883 ce fut le tour de l'Angleterre, dont le traité de commerce servit de type à ceux que signèrent successivement l'Allemagne, l'Autriche, la Russie et l'Italie. La France négociait depuis 1882, mais le traité ne fut conclu qu'en 1886, et ratifié seulement en 1887. Depuis le mois de juin de cette année 1888, un commissaire français réside à Séoul.

La Corée est donc entr'ouverte, et tout fait espérer que les barrières commerciales, en s'abaissant, laisseront bientôt passer la liberté religieuse. Toutefois il faut compter encore avec la force des préjugés séculaires et les rancunes de ceux qui ne peuvent pardonner le mal qu'ils ont fait. Jusqu'en 1886, les missionnaires ont dû se cacher. Aujourd'hui ils peuvent se montrer dans les ports et à Séoul ; mais dans les districts éloignés de la capitale, ils ne le feraient pas sans imprudence.

Le zèle des missionnaires, que la persécution la plus violente n'avait pu rendre inactif, n'a pas perdu un moment pour profiter de la paix rendue à la Corée.

En 1882, Mgr Ridel, que la maladie tenait éloigné de sa mission, désigna pour son coadjuteur M. Blanc, qui se rendit au Japon en 1883, pour se faire sacrer à Nagazaki. Il put faire ce double voyage ostensiblement, étant parti sur un vapeur japonais et revenu sur un vapeur allemand.

Le 20 juin 1884, la mort de Mgr Ridel, compagnon des martyrs et confesseur de la foi, faisait passer à Mgr Blanc le titre et la charge de vicaire apostolique.

Le nouveau chef de l'Église coréenne se mit aussitôt à l'œuvre. Dès le mois de septembre, il réunissait secrètement à Séoul ses huit missionnaires, pour faire avec eux les exercices de la retraite, tenir le synode, faire une nouvelle répartition des districts et prendre les mesures qui répondaient au nouvel état des choses.

Depuis lors, chaque chrétienté a pu être annuellement visitée et administrée.

La charité suit de près la foi et marche dans ses traces. En 1885, la ville de Séoul la voyait apparaitre sous la forme d'un orphelinat de la Sainte-Enfance et d'un hospice de vieillards. Ces deux établissements, d'abord desservis par des chrétiens indigènes, le sont depuis quelques mois[1] par quatre sœurs de Saint-Paul, de Chartres. Plusieurs centaines d'enfants et de nombreux vieillards ont déjà été recueillis et soignés.

Enfin, chose qui eût semblé impossible

____
[1] Juillet 1888.

tout récemment encore, on commence la construction de la première église chrétienne à Séoul.

Aujourd'hui un vicaire apostolique et treize missionnaires évangélisent la Corée. La population chrétienne approche de 20000 âmes; les conversions se multiplient. Après cent ans de souffrances inouïes, la pauvre Église dont nous avons parcouru les annales voit enfin la civilisation chrétienne prévaloir sur la barbarie. Cet heureux résultat est l'œuvre de Dieu, mais on nous permettra d'en signaler deux causes visibles : l'héroïque constance des chrétiens indigènes et l'apostolat de la France. Tandis qu'on essaye d'arracher à notre chère patrie sa foi et son culte, c'est elle qui plante la croix sur ce sol inhospitalier de la Corée, c'est le sang de ses missionnaires qui l'arrose, c'est la charité de ses vierges consacrées qui fait succéder aux horreurs de la cruauté les sublimes délicatesses de la pitié.

Le jeune martyr dont nous avons raconté la sainte vie et la glorieuse mort, a eu sa part dans cette fécondation surnaturelle. C'était le louer encore que de montrer la *paix chrétienne* fleurissant sur son tombeau.

Si l'enchaînement des faits nous a entraînés trop loin et retenus trop longtemps, le lecteur nous pardonnera en pensant que le regard du missionnaire mourant embrassait cet avenir, qu'il l'appelait de ses vœux suprêmes et offrait son sacrifice pour en hâter le terme.

Mais nous ne devons pas oublier que notre tâche est celle du biographe et non de l'historien. Ramenons donc notre souvenir à l'instant fatal qui vit rouler la tête des saintes victimes de 1866, et suivons par la pensée le douloureux message qui porta aux parents de Just de Bretenières la nouvelle de la mort de leur fils.

CHAPITRE VIII

LA FAMILLE DE BRETENIÈRES APPREND LE MARTYRE
DE JUST. — SOLENNITÉ DU 8 MARS 1867 A DIJON.
— DERNIERS SOUVENIRS (1866-1867).

Les événements du mois de mars 1866 furent connus en France au commencement de septembre. Depuis les derniers jours d'août, M. et Mme de Bretenières étaient dévorés d'inquiétude : des dépêches anglaises avaient annoncé aux journaux les massacres de Corée. Le 5 septembre, M. Albrand, supérieur de la Société des missions étrangères, confirmait la douloureuse nouvelle dans une lettre à Mgr l'évêque de Dijon, et lui confiait pour M. de Bretenières la lettre suivante, monument de simplicité chrétienne, de délicatesse et de grandeur :

« Très honoré Monsieur,

« Je puis vous donner aujourd'hui ce titre avec plus de vérité que jamais. Nous avons reçu hier des nouvelles directes de notre chère Corée, nouvelles graves et mémorables, dont les fastes de la sainte Église conserveront à jamais le souvenir. Les desseins de Dieu sont impénétrables à nos faibles lumières, mais nous savons par la foi que tout ce que permet la divine providence est finalement dirigé au salut des élus. Adorons partout et toujours cette providence paternelle de notre Dieu, et tout ce qui pourra nous arriver sera pour nous un moyen de sanctification et un sûr garant des bénédictions célestes.

« Voici, très honoré Monsieur, les détails que nous connaissons sur les derniers événements de Corée. Au mois de janvier dernier, quelques navires européens (russes) se sont présentés sur les côtes de Corée et ont demandé l'ouverture d'un port et une concession de terrain pour le commerce. De là. de grandes inquiétudes pour le gouvernement coréen. Comme le régent cherchait le moyen de se débarrasser honnêtement de cette demande, et qu'il était d'ailleurs personnellement très bien disposé en faveur de la religion chrétienne, quelques chrétiens crurent avoir trouvé une excellente occasion de servir notre sainte religion, et firent entendre au régent que les deux évêques de Corée et leurs missionnaires pourraient servir d'intermédiaires pour arranger les affaires. Pressé par la peur, le régent accueillit cette proposition et fit appeler les évêques. Mgr Berneux, qui était en tournée, et qui n'avait pas une entière confiance dans tout ce qui se passait, fit des difficultés pour se rendre à la capitale; mais sa présence était ainsi officiellement connue. Il fut obligé de céder à de nouvelles instances du régent, et se rendit à Séoul.

Sur ces entrefaites, les navires avaient disparu, et avec eux les craintes du gouvernement. Dans les conseils de la cour, il y avait un parti tout à fait hostile aux chrétiens, lequel, voyant l'évêque pour ainsi dire entre ses mains, proposa de le saisir avec tous ses missionnaires. Malgré les résistances que le régent opposa au commencement, ce parti finit par l'emporter, et Mgr Berneux se trouva prisonnier. Ordre fut donné en même temps de saisir Mgr Daveluy et la plupart des missionnaires, dont la retraite avait été connue par les révélations d'un traître. Dans le courant du mois de mars, les deux évêques et tous leurs missionnaires (excepté trois) se trouvèrent entre les mains des persécuteurs, qui, enhardis par ce premier succès et aveuglés sur les conséquences possibles de leur conduite, se portèrent aux dernières extrémités. En permettant cet excès de rage de la part de ses ennemis, Dieu couronna deux évêques et sept missionnaires de la couronne de l'immortalité.

Nous manquons de détails, mais nous savons que le 8 du mois de mars Mgr Berneux remporta courageusement la palme du martyre avec M. Dorie, M. Beaulieu et un autre de ses missionnaires. Le 11, M. Pourthié et M. Petitnicolas ont obtenu la même victoire. Enfin le 30 du même mois, Mgr Daveluy a obtenu la couronne du martyre en compagnie de M. Aumaître et de M. Huin. C'était le vendredi saint, à midi; ils ont ainsi renouvelé dans leur personne le sacrifice que le divin Rédempteur offrit pour notre amour, au même jour, à la même heure, sur la montagne du calvaire.

Nous savons que ces neuf saints confesseurs de la foi sont allés à la mort avec un calme et une joie qui éclataient jusque sur leur visage, heureux de quitter cette vallée de larmes pour aller nous attendre au sein de Dieu, dans la splendeur de l'éternité.

Je vous ai nommé, très honoré Monsieur, tous ces vénérables martyrs excepté un seul; je me suis arrêté en pensant au cœur d'un père et d'une mère. Mais, j'en suis assuré, ce même cœur vous aura nommé celui que je passais sous silence. Je vous demande pardon de n'avoir peut-être pas tenu assez compte des sentiments de foi qui animent votre famille, et d'avoir un instant hésité à vous dire la grâce qu'il a plu à Dieu de vous accorder en plaçant votre fils bien-aimé dans le chœur des saints martyrs. Le jour même où le vénéré M. Just a été pris, il venait de baptiser de sa main vingt-cinq catéchumènes[1].

Voilà, très honoré Monsieur, le seul détail qu'il m'est possible de vous communiquer aujourd'hui. Je prie le Seigneur des apôtres

---

[1] Ce détail est inexact. Nous avons donné, au chapitre V, des indications plus conformes à la vérité.

et la Reine des martyrs d'adoucir pour vous et pour toute votre respectable famille la douleur que la pauvre nature ne peut pas manquer d'éprouver en pareille occasion. La foi prendra le dessus, et vous bénirez Dieu de la gloire immense qu'il a daigné accorder à votre cher enfant.

Dans la charité de Notre-Seigneur Jésus-Christ et dans le souvenir de notre vénéré martyr, veuillez bien agréer, très honoré Monsieur, pour vous et pour tous les vôtres, l'expression de ma respectueuse affection et de mon entier dévouement.

DELPECH.

Chargé de ce triste message, Mgr Rivet se rendit chez les parents du jeune martyr et s'acquitta de sa mission avec une respectueuse charité. Après les avoir préparés à recevoir la nouvelle, il leur remit la lettre qu'on vient de lire. Le père versa d'abondantes larmes ; la mère ne pleura pas : sa douleur muette n'était que plus effrayante. Les premiers moments passés, le pieux évêque n'eut pas de peine à obtenir de ces grands chrétiens l'expression d'une résignation parfaite : il leur fit renouveler le sacrifice qu'ils avaient fait à Dieu de leur enfant, et ne les quitta qu'après avoir récité avec eux et leur second fils le *Te Deum* de l'action de grâces.

Plus tard, M. et Mme de Bretenières reçurent des lettres des missionnaires qui avaient connu Just, entre autres de MM. Calais et Ridel, qui avaient partagé avec lui tous les périls et qui venaient à peine d'échapper au massacre. Peu à peu les détails arrivaient et de toutes parts c'étaient des témoignages rendus à la vertu du jeune apôtre, des félicitations adressées aux parents que Dieu avaient trouvés dignes de donner à l'Église un martyr.

Ceux à qui s'adressaient ces paroles de foi, étaient dignes de les entendre. Sans doute leur douleur était immense; la pauvre mère, dont la fermeté semblait avoir dépassé celle de son mari à l'heure du suprême adieu, sentait alors son cœur se fendre à la pensée des tourments subis par son fils bien-aimé. Saint Bernard a dit que le fer qui a percé le flanc du Sauveur a dû, pour y pénétrer, traverser d'abord le cœur de Marie. C'est le droit des mères de souffrir plus que toute créature et de sentir moins vivement leurs

propres maux que les douleurs de leurs enfants bien-aimés.

La vie désormais n'avait plus de charmes,
j'allais dire plus de raison d'être pour ces
admirables chrétiens. La terre ne leur présentait plus que des sujets de larmes; mais
le ciel, où la foi leur montrait dans la gloire
et la béatitude celui que leurs yeux ici-bas
ne devaient plus revoir, les attirait avec force
et occupait tous leurs désirs. Leur vie, plus
que jamais détachée du monde, ne fut plus
qu'une longue aspiration vers l'éternelle patrie. Tant que durèrent les études ecclésiastiques de leur second fils, ils allèrent passer
près de lui les hivers à Rome. Le reste de
leur temps appartenait aux œuvres de charité et de zèle, qui avaient toujours eu tant
de place dans l'emploi de leurs loisirs. C'est
dans l'exercice des plus belles et des plus
sereines vertus qu'ils ont achevé leur pèlerinage, le baron de Bretenières en 1882,
à l'âge de 78 ans; sa digne compagne en 1886,
à l'âge de 79 ans.

Dans les diverses villes qui avaient donné
le jour aux martyrs de Corée, on célébra des
fêtes religieuses au jour anniversaire de leur
sacrifice. Amiens se distingua par l'éclat des

hommages rendus à la mémoire de Mgr Daveluy. Le 8 mars 1887, Dijon eut aussi sa solennité. Mgr Mermillod, évêque d'Hébron, prononça dans la cathédrale de Saint-Bénigne l'oraison funèbre du jeune martyr, qui honorait plus sa patrie par sa mort glorieuse qu'il n'eût fait par l'éclat d'une carrière brillante aux yeux du monde. Arrivé le jour même de la solennité sans rien savoir de l'histoire de son héros, l'orateur passa la matinée à s'informer auprès des amis de Just des principaux traits de sa vie ; et sa parole, toute chaude encore de l'émotion causée par ces souvenirs, rendit sous les voûtes de la vieille basilique un admirable écho. Nous nous souvenons encore de ce passage de son discours où, rappelant avec un merveilleux à propos le regret qu'inspirait à Just, parmi les angoisses de sa vie de proscrit en Corée, la privation des pompes, du culte et des chants sacrés de l'Église : « Jeune martyr, s'écria-t-il, chantez, chantez maintenant ! Ah ! ce n'est plus le *Kyrie* de la douleur que vous faites entendre, c'est le *Gloria* de l'action de grâces. Ce n'est plus le *Credo,* ce symbole de la foi obscure et fidèle pour lequel vous avez versé votre sang, c'est le cantique de la claire vision et de l'éternel amour[1]! »

Une lettre de M. Bon, missionnaire au Tonkin occidental, à Mme de Bretenières, rapporte que deux de ses confrères, à la suite d'une neuvaine de prières adressées au jeune martyr, obtinrent la conversion d'une personne qui ne s'était pas confessée depuis cinquante ans.

Nous avons eu nous-même connaissance d'un fait plus remarquable. Un proche parent de Just, depuis sa jeunesse éloigné des sacrements, et que la perte d'un fils unique avait aigri contre la Providence, était atteint d'une maladie incurable. Sa femme et sa fille se consumaient en prières sans obtenir aucun changement dans les dispositions du malade, dont le caractère entier et violent répandait autour de lui une sorte de terreur, malgré l'affection profonde que lui attiraient ses rares qualités. On n'osait pas lui parler de ses devoirs religieux, dans la crainte de l'éloigner encore davantage. Le mal empirait, et une ouverture timide de sa femme fut reçue de façon à décourager toute nouvelle tenta-

---

[1] On trouvera à l'appendice le texte de cette brillante improvisation, reconstitué plus ou moins parfaitement sur les notes des auditeurs.

tive. Tout à coup, sans que rien eût annoncé ce changement, il appelle sa femme et lui demande de faire venir le curé de sa paroisse. Il se confesse, reçoit les sacrements, et meurt peu de jours après dans d'admirables sentiments. Cela se passait vers le milieu de mars 1866. Quelques mois après, les nouvelles arrivées de Corée apprenaient à la famille en deuil que la conversion soudaine du mourant avait suivi de peu de jours le martyre de son neveu, qu'il avait toujours tendrement aimé. Just lui rendait son affection et n'avait cessé de prier pour lui. Ce que vivant il n'avait pu obtenir du ciel, il l'avait conquis par son martyre.

Terminons cette cueillette de souvenirs par la relation d'un petit fait que nous ne donnons pas pour miraculeux, mais qui a du moins la valeur d'un touchant et gracieux symbole.

Un jour, à Dijon, Just, encore enfant, — il avait alors neuf ou dix ans, — avait planté un jeune rosier dans la cour de la maison des sœurs de Saint-Vincent-de-Paul de la paroisse de Notre-Dame. Les rosiers vivent longtemps. Vingt ans plus tard, celui-là vivait toujours, mais, chose étonnante, on ne l'avait jamais vu fleurir, et maintes fois le jardinier, comme celui dont parle l'Évangile, avait voulu arracher l'arbuste stérile. Mais les sœurs tenaient à le conserver en souvenir du jeune missionnaire. Tout d'un coup, au printemps de 1866, on le vit se parer pour la première fois de quatre boutons qui s'épanouirent en quatre belles roses. C'était le moment où l'âme du martyr, transplantée dans la patrie du ciel, se parait à son tour des fleurs de l'éternité. Le rosier a vécu longtemps encore, et il n'a plus cessé de fleurir.

APPENDICE

—

Nous donnons ici quatre documents, de nature
fort différente, qui n'ont pu trouver place dans
notre récit. C'est d'abord l'acte authentique des
martyres rédigé par Mgr Verrolles, vicaire apostolique de Mandchourie. Ce sont ensuite deux
compositions de Just, l'une en prose, l'autre en
vers.

La première a été écrite par lui à l'âge de
quinze ans; il l'a offerte à sa mère pour sa fête.
C'est donc une œuvre spontanée. Elle présente
cet intérêt particulier de montrer que dès cette
époque, alors que personne autour de lui ne
soupçonnait sa vocation, il ne voyait pas devant
lui d'autre avenir que celui de l'apostolat; et à
travers la délicate réticence de la fin, on devine
que dès lors sa pensée et ses désirs étaient tournés
vers le martyre.

La seconde composition est un cantique. Ce
n'est pas le seul que Just ait composé, c'est le

seul qui nous soit parvenu avec la certitude qu'il soit vraiment son œuvre. Car il en chantait aussi, qui avaient été faits par d'autres missionnaires. Celui-ci a été envoyé à Mme de Bretenières par M. Wallays, alors sous-procureur des missions à Shang-haï, et l'authenticité n'en est pas douteuse. Mieux que ses lettres encore, cette poésie nous révèle l'âme de Just, parce qu'il ne supposait pas que personne dût jamais en prendre connaissance. Aussi a-t-il laissé déborder dans ces stances la tendresse mystique dont son cœur était plein pour le Sauveur Jésus. Nous trompons-nous en disant qu'on y retrouve l'accent du cantique de sainte Thérèse? Nous ne pouvions mieux clore cette biographie que par des paroles qui en fournissent la clef en montrant, dans les ardeurs du divin amour, le principe des vertus sublimes et des actions héroïques qui remplirent la vie et la mort du jeune missionnaire.

Enfin nous reproduisons le discours prononcé par Mgr Mermillod, à Saint-Bénigne de Dijon, le 8 mars 1867.

ACTE AUTHENTIQUE

DU MARTYRE DES MISSIONNAIRES ET DES CHRÉTIENS

TUÉS POUR LA FOI,

EN CORÉE, LES 8, 11 ET 30 MARS 1866

Ego infra scriptus, Emmanuel Joannes Franciscus Verrolles, Episcopus Colombiensis, Vicarius apostolicus Mandchouriæ, ab apostolica Sede delegatus, declaro et testificor quod Coreanus Tjoi Insie Joannes, in urbe capitali Seoul catechista, me præsente, juramento affirmavit se propriis oculis vidisse in loco qui dicitur Sai-nam-to, anno 1866, die octavo mensis Martii, illustrissimum ac reverendissimum Simeonem Franciscum Berneux, Capsensem Episcopum, Coreæ Vicarium apostolicum, RR. DD. Mariam Antonium Ranfer de Bretenières, Petrum Henricum Dorie, Ludovicum Bernardum Beaulieu;

Necnon in eodem loco eodemque anno et mense, die duodecimo, RR. DD. Carolum Antonium Pourthié, provicarium, Michaelem Alexandrum Petitnicolas, missionarios apostolicos Coreæ, et christianos Coreanos Tieng Marcum, 75 annos natum, in urbe capitali Seoul catechistam; — Ou Alexium, 21 annos natum, ex vico Non-tjai, præfecturæ Pieng-iang, provinciæ Pieng-an;

Insuper in loco qui dicitur Nei-ko-ri, eodem

anno, mense, die octava, Nam-Tieng-o Joannem, mandarinum, 55 annos natum, in urbe capitali Seoul habitantem, constanter pro fide tormenta et mortem subeuntes.

In cujus fidem subscripsi, et sigillo meo munivi, pro lingua Coreana interprete R. D. Calais, Coreæ missionario apostolico.

Datum in residentia nostra, civitate Kae-tcheou, provinciæ Leao-tong, die 21 Maii 1867.

     † EMMAN. VERROLLES, Ep. Columb. Vic. ap. Mandchouriæ.

     N. A. CALAIS, Miss. ap. in Corea.

Je soussigné, supérieur des Missions étrangères, atteste que la présente copie est conforme à l'original, conservé dans les archives du séminaire.

     DELPECH, Sup.

COMPOSITION ÉCRITE PAR JUST DE BRETENIÈRES

A L'AGE DE 15 ANS

Balançant doucement un petit berceau, une mère, une tendre mère contemplait son jeune fils qui, frais et vermeil, dormait paisiblement. Tout dans cette figure enfantine respirait la joie et la candeur. Le souci, ce compagnon ordinaire de la vie, n'avait pas encore imprimé sur cet enfant innocent le sceau de la tristesse, et la bonne mère formait les plus beaux rêves.

« Dors, mon enfant ; dors, mon fils chéri ; que Dieu te guide un jour dans le sentier de la vertu et de l'honneur. Les années s'écoulent, je me réjouis de tes premiers pas ; ta première parole, ta première pensée seront pour Dieu ; sur mes genoux assis, je t'apprendrai à le prier, nous le prierons ensemble. Chaque année ta mère, heureuse de ton travail, ira couronner ton front, applaudir à tes succès. Bientôt te voilà en état d'embrasser une carrière ; mais que dis-je ! il faudra alors quitter ta mère, la maison paternelle ; désormais plus de joie de famille. Que feras-tu ?

« Tu deviendras magistrat. Quelle belle carrière ! l'équité, la justice régneront dans tous tes discours; comme un père tu jugeras, comme un père aussi tu châtieras, tu feras respecter les lois, et tu seras la gloire de ta patrie et de ta famille.

« Dors, mon cher enfant; dors, mon petit magistrat; que Dieu t'assiste de ses conseils.

« Mais la guerre, ouvrant les vastes champs de la gloire et de l'honneur, peut-être aura-t-elle de l'attrait pour tes instincts guerriers. Avec une noble armée, malgré les larmes d'une pauvre mère, tu pars pour des pays lointains. Adieu, terre chérie; adieu, patrie bien-aimée! Plein d'un mâle courage, tu supportes les fatigues sans nombre de la guerre. Devant une ville ennemie ton ardeur ne se dément point, ton cœur bat noblement pour la patrie. Arrive le jour de l'assaut, le premier tu cours à la brèche, rien ne te résiste; le premier sur les murs, tu arbores ton étendard; en héros tu le défends contre des masses d'ennemis. O mon fils, que Dieu te protège! Mais que vois-je? Un trait... et... Seigneur, Seigneur, ayez pitié d'une pauvre mère !

« Non, tu ne seras pas soldat; dans une autre carrière tu sauras te faire aimer et respecter. Peut-être préféreras-tu vieillir à l'ombre du sanctuaire; peut-être, traversant les vastes plaines de l'Océan, iras-tu annoncer la vérité dans des contrées lointaines, et faire connaître le Dieu que ta mère adore. Quelle douce joie pour ta pauvre mère! partout tu te feras chérir, ta voix éloquente produira de merveilleux effets.

« Dors, mon enfant; dors, mon petit missionnaire; ta mère veille et prie à côté de toi.

« Mais dans cette nouvelle arène, que de fatigues, que de travaux! Loin de sa patrie, sur
une terre étrangère, il mènera une vie pauvre et
ignorée; la faim, la soif, le froid seront son partage.

« Dors, mon enfant; dors en paix, ta pauvre mère
ne veut pas sonder l'avenir. Dieu, le meilleur
des pères, te prendra sous sa garde; je prierai
sainte Anne, et le ciel te protégera toujours. »

CANTIQUE COMPOSÉ PAR JUST DE BRETENIÈRES

MISSIONNAIRE APOSTOLIQUE EN CORÉE

1

Mon Bien-Aimé, source de vie,
Par qui mon cœur est attiré,
J'accours vers toi dans ma folie,
Comme un cerf altéré.

2

O vous, témoins de cette flamme
Dont Il me brûle nuit et jour,
Ah! dites-lui que je me pâme,
Que je languis d'amour.

3

A te chercher je me tourmente,
Rien ici ne peut me calmer :
Mon cœur inquiet se lamente
De ne pouvoir t'aimer.

4

Comme la plaintive colombe
Qui gémit au fond des forêts,
Mon faible cœur sans toi succombe
A d'amoureux regrets.

5

La nuit, quand mon âme embrasée
Vers toi soupire, ô mon Sauveur !
Ah ! descends, céleste rosée,
    Apaiser son ardeur.

6

Oh ! mon amour, vois mes alarmes,
Ne refuse pas à mes cris
Un de ces regards pleins de charmes
    Dont mon cœur est épris.

7

Divin Jésus, c'est toi que j'aime ;
Toi seul peux calmer mon ardeur.
Toi seul es mon bonheur suprême
    Et l'amant de mon cœur.

8

O blessure digne d'envie,
Heureux suis-je de te souffrir !
Tu transformes la mort en vie
    En me faisant mourir.

DISCOURS DE MGR MERMILLOD

A SAINT-BÉNIGNE DE DIJON

LE 8 MARS 1867

> *Consummatus in brevi, explevit tempora multa.*
>
> Immolé en un instant, il a égalé la gloire d'une longue vie.
>
> (SAGESSE, chap. IV.)

MONSEIGNEUR,

MES BIEN-AIMÉS FRÈRES,

Votre cité est en fête, la joie règne dans cette enceinte, et pourtant, par un contraste étrange, un des vôtres, moissonné à la fleur de l'âge, tombait à pareil jour, il y a un an, à quelques mille lieues d'ici. Nous célébrons son courage, nous recueillons son sang, nous transfigurons sa mort avec le sens catholique, et voilà pourquoi, au lieu de tentures funèbres, nous prenons les vêtements de fête.

Il ne s'agit point ici d'un éloge vulgaire, de quelques paroles banales jetées au vent sur une tombe ordinaire; cette enceinte parée de peuple, ce clergé vénérable, cette multitude qui remplit votre cathédrale, tout cela ne montre-t-il pas que vous vous associez à un triomphateur? Oui, votre jeune compatriote est désormais une gloire nationale, sa mémoire aimée est l'honneur de votre cité, son souvenir un patrimoine de famille. Aussi, quand votre vénéré Pontife m'a invité à vos fêtes, c'est avec bonheur que, malgré mes fatigues et mon impuissance, je suis venu vous redire, comme un écho affaibli, ce que vous sentez tous, apportant mon témoignage et mon affirmation à ce témoin généreux de Jésus-Christ.

Monseigneur, déjà, il y a peu de temps, vous m'aviez convié à de bien douces solennités; vous avez voulu me montrer qu'en revenant ici je trouverais toujours le peuple aimable et gracieux qu'a tant aimé saint François de Sales; je retrouverais ce clergé généreux qui marche si bien sur vos traces, et travaille sous votre main, près de votre cœur. Vous avez voulu que je vinsse célébrer avec vous celui qui fut votre fils, que vous avez béni, mais qui, dans l'ordre des préséances éternelles, règne maintenant au-dessus de vous, puisqu'il porte sur son front la couronne des martyrs, qui surpasse celle des pontifes. Vous pouvez dire en effet de lui ce que disait autrefois le patriarche Jacob en parlant de Joseph: « Je vois

sa jeune gerbe dominatrice s'élever au-dessus de
ma tête. » Cependant, Monseigneur, votre épiscopat est chargé d'ans, de travaux, de souffrances aussi; mais votre vieillesse est féconde:
Adhuc multiplicabuntur in senecta uberi ; elle est
féconde et par la résurrection de vos anciennes
églises, et par la formation de ces jeunes missionnaires qui vont porter la foi aux peuples les
plus éloignés. Je ne suis du reste ici qu'un écho
de votre foi et de votre tendresse; je veux m'associer, moi aussi, à vos cantiques et dire ce
qu'a été ce jeune homme, ce jeune prêtre. Je
n'apporte dans cette chaire, ni un éloge funèbre,
ni un panégyrique, je ne veux que commenter
rapidement, dans une improvisation malheureusement insuffisante, cette parole de saint Jérôme
que : « le sang des Martyrs est la force des âmes
et la gloire des peuples. »

Toutefois, avant de poursuivre, il est nécessaire de déterminer exactement le sens de cette
cérémonie. Ce n'est qu'au Souverain Pontife et au
Saint-Siège qu'il appartient de déclarer ceux qui
sont inscrits à jamais dans le livre de vie, et de
leur décerner un culte public. Il peut sans doute
se faire, comme Benoît XIV lui-même nous l'enseigne, que la sainteté se révèle par elle-même
et que le cri public l'affirme; mais néanmoins, le
Souverain Pontife s'étant à juste titre réservé le
privilège de la canonisation des saints, privilège
qu'il exerce avec infaillibilité, il ne nous est pas

permis de nous écarter des règles précises qu'il a tracées. Voilà pourquoi les paroles que nous vous faisons entendre n'ont dû être prononcées qu'après le saint sacrifice de la messe; elles ne sauraient faire partie de l'acte auguste, et nous ne devons point adresser de supplications publiques à celui que nous pouvons invoquer dans le sanctuaire de nos cœurs.

Ces réserves faites, ces précautions prises, afin de garantir l'avenir de la gloire qui se lèvera un jour sur cette tombe, — quand je l'appellerai *martyr*, ce sera dans un sens large et non dans le sens précis et définitif de l'Église. — Car vous l'avez compris, mes bien-aimés frères, je ne suis en ce moment qu'un précurseur, une voix qui annonce ce que l'Église fera un jour. Cette cérémonie n'est que la préparation d'une solennité beaucoup plus grande, d'une solennité décrétée par le seul Pontife romain. Alors ce sera plus qu'un éloge funèbre, ce sera un véritable panégyrique. Commencée sous les voûtes de Saint-Pierre, cette fête se continuera à Dijon, elle s'étendra à toute l'Église et s'achèvera, je l'espère, sur les rivages lointains de la Corée.

Dans la vie simple et cachée dont je viens vous parler, il n'y a, pour ainsi dire, qu'une pensée, jusqu'à l'heure de l'éclat : c'est la pensée du silence et de l'anéantissement. Je chercherai néanmoins à saisir quelques traits principaux que j'ai dû demander rapidement, ce matin même, au témoignage de ceux qui l'ont connu dans le monde et sous le toit du séminaire; au témoignage du vénéré supérieur des Missions étrangères, qui est ici présent[1], qui l'a préparé au martyre comme il y prépare ses fils, qu'il envoie porter la lumière de l'Évangile jusqu'aux extrémités de la terre; admirable paternité, catholique comme l'Église et vaste comme le monde! J'ai demandé ces détails à de jeunes prêtres qui ont vécu dans l'intimité de Just de Bretenières, à des hommes du monde qui l'ont connu, qui l'ont aimé et qui pleurent en parlant de lui; que ne puis-je emprunter leurs paroles, leur accent et leurs larmes?

Deux mots résument cette existence : Just de Bretenières s'est immolé avant le martyre; il a consommé plus tard son sacrifice par une suprême immolation. Sa vie a ainsi reproduit celle du divin Maître; car toute vie de saint n'est que la prolongation de celle de Jésus-Christ dans l'Église. Jésus-Christ, c'est d'abord l'anéantissement de la vie cachée, c'est ensuite la lutte de la vie publique, c'est enfin le couronnement par la mort sanglante. Vie divine qui se renouvelle dans le saint sacrifice de la messe! Qu'est-ce en effet que la messe, sinon la préparation du sacrifice, puis l'immolation et la consommation de la victime? La vie d'un martyr c'est, pour ainsi parler, une messe que Jésus-Christ dit avec un élément

----

[1] M. Albrand, mort quelques semaines après, le 6 avril 1867.

humain, avec une victime choisie dont il laisse couler le sang sur la terre pour y faire germer des âmes. Votre jeune compatriote a donc eu cette double existence : vie de préparation au martyre et couronnement par une glorieuse immolation.

JUST DE BRETENIÈRES sortait d'une famille honorable, qui joint à de grandes traditions de magistrature la fidélité des dévouements chrétiens, de grandes et généreuses austérités pour le Christ. Il naquit, non dans votre cité, quoiqu'il lui appartînt par son origine, mais à Chalon, où sa famille résidait accidentellement, comme s'il avait dû toucher la terre d'Autun, qui a les grands souvenirs de saint Symphorien, comme s'il avait dû s'abriter sous l'auréole de la bienheureuse Marguerite-Marie, et puiser près du cœur de Jésus le secret de l'immolation.

Le jour même de sa naissance temporelle, sa mère, ne se laissant arrêter ni par les frimas ni par les petites considérations du siècle, l'envoie recevoir la grâce du baptême. Cette mère vraiment chrétienne (qu'il m'est permis de louer puisqu'elle n'est pas ici) voyait avant tout dans l'enfant que Dieu lui donnait une âme à régénérer, et en imprimant sur son front les stigmates brûlants de ses lèvres maternelles, elle le préparait au martyre.

Il est baptisé; il n'a plus qu'à grandir sous la protection vigilante de son père et de sa mère, dont les mains, en se croisant, forment sur sa tête un arc de triomphe de fermeté et de tendresse.

Il revient parmi vous; à mesure qu'il avance en âge, il marche d'un pas ferme et égal dans les voies de la vertu. Il était déjà âpre à lui-même, et toutefois doux et simple, gracieux et avenant. Ce qui apparaissait en lui au premier abord, c'était la douceur, la pureté, la candeur. On voyait sur son front je ne sais quel reflet de la jeunesse de saint François de Sales. Il pouvait bien répéter le mot de ce grand saint, alors que jeune enfant il descendait du château de Sales avec sa mère pour visiter les pauvres du village. Celle-ci montrant à François l'église où il avait reçu le baptême : « Mon fils, lui disait-elle, ton plus grand titre de gloire ce n'est pas le château de tes pères, mais c'est l'église où tu as été fait chrétien. » Et l'enfant, comprenant cette première leçon, disait en joignant les mains : « Que je suis heureux! Le bon Dieu et ma mère m'aiment bien! » C'est de la même manière, c'est dans les mêmes sentiments, Messieurs, que s'écoulait l'enfance de notre apôtre.

Il y a dans cette vie d'enfant un trait que je ne puis passer sous silence. Just n'avait encore que quelques années. Un jour, à la campagne, dans ses jeux enfantins avec son frère, il creusait la terre; tout à coup il s'arrête, applique son oreille contre le sol et paraît écouter; puis, appelant son frère, il s'écrie (permettez-moi de rappeler ce langage naïf, c'est une page anticipée de la vie d'un saint) : « Christian, viens, viens vite! mets-toi à genoux ici, baisse la tête, écoute bien! n'entends-tu rien? N'entends-tu pas des voix qui m'appellent? » Mais son jeune frère, qui lui avait obéi, n'entendait rien. Lui, le regard enflammé, le visage transfiguré : « Ah! moi j'entends, j'entends bien, j'entends les Chinois qui m'appellent et qui me disent : « Just, Just! viens « donc à nous, viens nous sauver! » Je ne sais quelle voix mystérieuse sortant de cette terre féconde qui a produit tant de saints lui criait : « Viens nous sauver! » Je ne puis m'empêcher de me rappeler Jeanne d'Arc, gardant son troupeau sur les frontières de la Lorraine, et entendant les voix qui descendaient du ciel et qui lui disaient : « Viens et sauve la France! » Mais ici les voix appellent Just à une mission plus haute encore. Il ne s'agit plus de sauver la France, il s'agit de sauver des âmes. Et cet appel c'est un cœur d'enfant qui le reçoit et qui en garde fidèlement le secret jusqu'au jour où il ira, d'un pied joyeux et le cœur vaillant, porter la foi à ces peuples lointains, parmi lesquels des voix mystérieuses l'avaient appelé si jeune!

Les premières années de Just se passèrent dans la vie de famille. Il reçut dans ce sanctuaire intérieur une éducation conforme aux traditions chrétiennes, je veux dire sérieuse et austère, généreuse et virile, bien différente de cette éducation molle et vaine qui ne donne à la vie du jeune homme que le but de jouir et la suprême destinée de paraître. Ici, au contraire, on lui enseigne à se cacher, à se voiler. Il entend cette leçon ; il goûte de bonne heure la folie de la Croix, cette folie qui étonne le monde et qui est l'objet de ses sarcasmes ; mais vous, mes frères, vous la comprenez, et aujourd'hui même vous venez y applaudir.

Just se sentait appelé à la vie sacerdotale ; après de mûres réflexions, il se décide à entrer au séminaire. Votre vénéré Pontife vous a dit, dans sa récente circulaire, quelle surprise, quels regrets et même quels murmures s'élevèrent quand on vit un jeune homme si bien doué, à qui son nom, sa fortune ouvraient une carrière facile, une carrière brillante, laisser tout cela pour prendre le vêtement funèbre des prêtres de Jésus-Christ. Le monde ne comprit rien à ce dévouement... Le monde sera donc perpétuellement le monde, perpétuellement frivole, perpétuellement aveuglé ? Quoi ! le monde ne comprend pas ce qu'il y a de grand à mettre sous ses pieds un peu d'or, un peu de gloire terrestre pour s'en aller, le cœur épris, l'âme ardente, travailler au salut de ses frères, et jeter à l'horizon ce vieux cri : *Da mihi animas, cætera tolle tibi ?*

Just entre donc à Saint-Sulpice sous la conduite de ces maîtres vénérés et habiles qui ont formé tant de grandes âmes. Là on le vit toujours simple et bon, doux et oublieux de lui-même, ne s'occupant que de ses jeunes collègues. Il étudiait sa vocation.

Un jour, ainsi que me le racontait il y a à peine quelques instants un de ses jeunes parents, il traversait les rues de Paris avec un ami qui avait comme lui un nom et une situation dans le monde, et qui voulait se donner aussi à Jésus-Christ; ils allaient ensemble visiter un confrère malade. Ils entrent à Saint-Roch, où le saint Sacrement était exposé à la vénération des fidèles. Just l'adore avec cette piété et cette ferveur qui le distinguent, puis en sortant il prend la main de son ami et lui dit : « Si nous restons à Paris, nous serons peut-être, dans quelques années, vicaires de Saint-Roch ou de quelqu'autre paroisse semblable; cet avenir ne me suffit pas. » En effet, il voyait passer devant ses yeux la magnanime figure de votre grand compatriote, le P. Lacordaire. Cette figure l'attirait; il se sentit un moment pressé de prendre le blanc vêtement des Frères-Prêcheurs, le vêtement de la pureté, de la générosité, du sacrifice. Mais le souvenir des voix qu'il avait entendues dans son enfance retentit tout à coup à ses oreilles au milieu de la forêt de Meudon, où il se retirait souvent pour prier. Enfin il peut librement répondre à l'appel de son Dieu, et il sort d'Issy pour aller demander asile au séminaire des Missions étrangères.

Ce monument, l'un des plus intéressants et des moins connus de la capitale, fait face, vous le savez, à l'établissement des sœurs de Saint-Vincent-de-Paul, comme si ces deux institutions étaient destinées à s'appuyer l'une sur l’autre et à se compléter ; et en effet la sœur de Saint-Vincent-de-Paul ne porte-t-elle pas la tendresse de son cœur et le pain matériel à ceux qui sont privés de pain et d’affection, tandis que le missionnaire porte au loin le pain de la vérité, le sang du Christ et son propre sang?

Vous le savez, mes frères, il n’est pas permis à ces jeunes apôtres, à ces candidats du martyre, de demander le lieu de leur destination. Naguère à Amiens, dans la cathédrale en fête, je parlais d’un évêque qui a aussi arrosé de son sang le sol de la Corée. Eh bien! sa famille me racontait que jamais il ne lui avait fait part du désir qui le poussait vers cette terre inhospitalière. Ce n’est qu’en abordant ces rivages lointains qu’on l’entendit s’écrier : « Je la touche enfin cette contrée désirée! Je n’en ai jamais parlé qu’à Dieu et à la sainte Vierge, et ils m’ont exaucé. »

Votre jeune compatriote brûlait du même désir, mais il lui était interdit de l’exprimer ; il lui échappait seulement de loin en loin des effusions d’âme qui révélaient un vœu secret refoulé au plus profond de son cœur. Un jour qu’un évêque, tombé depuis martyr comme lui, partait pour une lointaine mission et recevait dans le solennel baisement des pieds un suprême adieu, Just lui saisit la main et lui dit avec un accent qui trahissait son ardeur : « Priez pour moi, oh! priez pour moi. » Un autre jour, s’adressant à un de ses amis dont la sœur se vouait au sacrifice dans la vie religieuse : « Dites-lui bien de prier pour moi, lui répétait-il, non pas un jour, mais toujours. » Et il ajoutait : « Oui, je le sens bien, je veux moi aussi m'immoler, me sacrifier. »

Rien ne pouvait, ce semble, apaiser cette soif du sacrifice. Au sortir d'une lecture spirituelle où l'un de ses maîtres avait parlé de la sainteté nécessaire au prêtre et au missionnaire, Just disait à l'un de ses amis : « Nous autres, nous ne sommes encore que des dévots en peinture; il faut commencer à le devenir réellement. » Et cependant, vous le savez, mes frères, il avait renoncé à la fortune, à sa famille; il était dans une cellule pauvre et nue, travaillant le jour, priant la nuit... Maintenant que devons-nous penser, chrétiens, de vos dévotions faciles et des transactions de ceux qui passent si aisément de la table sainte dans le monde pour y chercher de vains applaudissements et y goûter les joies trompeuses du plaisir? Que faut-il penser de ce que j'oserai appeler l'acclimatation de la piété dans les salons? O jeune saint! paraissez au milieu de nous, sortez de votre cellule, montrez-nous votre soutane pauvre et déchirée, et dites, dites de quel côté sont les dévots en peinture.

Just se préparait ainsi à la carrière de l'apostolat par une vie sainte et généreuse, une vie d'abnégation et d'anéantissement. C'est un pieux usage que les élèves du séminaire des Missions étrangères s'exercent à leur futur ministère dans les carrières de Meudon, auprès d'obscurs travailleurs. Aucune occupation ne plaisait davantage à notre jeune apôtre ; c'était sa joie la plus douce, c'était sa récréation la plus chère. Là il enseignait les pères, il catéchisait les enfants ; ce qu'il recevait de sa famille était consacré soit à distribuer des secours, soit à subvenir à des pensions. Il adoptait de pauvres enfants : c'est ainsi qu'il ramassa sur le chemin de l'oubli et peut-être du péché une pauvre jeune fille, et qu'il la donna à sa mère comme une fleur cueillie sur la fange, en souvenir de son apostolat et de son martyre.

Quelque grand que fût son zèle, il pensait toujours n'en pas avoir fait assez. Se trouvant un jour au fond des bois avec un de ses amis, il s'arrête tout à coup, lui prend la main et lui dit : « Mon ami, accordez-moi une faveur : je veux vous considérer un moment comme le représentant des ouvriers des carrières ; laissez-moi me mettre à genoux devant vous, je vous baiserai les pieds et je vous demanderai pardon de les avoir scandalisés. » Son ami recule étonné et confus. Alors Just, avec une naïveté que j'appellerais adorable (si j'osais me servir de ce mot que l'on a si souvent profané), ajoute aussitôt : « Et quand j'aurai baisé vos pieds, je me relèverai et je vous donnerai ma bénédiction. » En disant ces mots il tombe à genoux, il baise les pieds de son ami en répétant : « Je vous demande pardon de tous les mauvais exemples que j'ai pu donner aux ouvriers, de toutes les paroles d'orgueil que j'ai eues en les visitant. Je vous demande pardon de ne les avoir pas assez aimés. Et maintenant, ajoute-t-il en se relevant, « laissez-moi vous bénir, » et il le bénit.

Je ne connais rien de plus beau et de plus touchant que cette scène. Le voyez-vous ce jeune prêtre qui baise les pieds de la pauvreté, de la souffrance, et qui ensuite la bénit! N'est-ce pas un magnifique symbole de l'Église catholique? Elle s'est abaissée, elle aussi, elle s'est agenouillée devant la pauvreté pour l'élever ensuite; elle a fait monter l'ouvrier de l'esclavage au servage, du servage au travail libre, et elle veut le bénir. Laissez-la donc s'approcher du peuple pour l'instruire, pour l'éclairer, pour le consoler. Ah! sachez-le bien, elle connaît vos questions ouvrières, et seule elle peut les résoudre. Oui, laissez l'Église s'approcher de l'ouvrier; elle veut le servir, elle ne veut pas s'en servir, et quand elle l'aura honoré, quand elle aura baisé ses pieds, elle se relèvera avec la majesté et la bonté d'une mère, elle le bénira, elle en fera un travailleur chrétien, un travailleur qui s'unira à ses frères pour la civilisation chrétienne et non point pour vos révolutions!

Cet amour de la pauvreté, Messieurs, n'était pas un vain mot pour notre apôtre. Il avait renoncé généreusement à la fortune et à toutes les promesses du siècle, mais ce n'est point assez pour lui. Il lui fallait la pauvreté complète, la pauvreté du missionnaire, qui n'a pas même où reposer sa tête. Voilà pourquoi, en entrant dans sa

cellule des Missions étrangères, il avait jeté ce
mot courageux qui peint son âme tout entière :
« Ah! depuis plus de vingt ans je désire être
pauvre, je vais donc l'être enfin! »

Voilà, mes frères, les vertus par la pratique
desquelles Just se préparait au sacerdoce. Vint
enfin le jour tant désiré où il célébra sa première
messe. J'en ai eu deux récits : l'un d'un homme
du monde, homme de foi et de cœur, qui porte
avec honneur un nom cher à votre cité, et qui
est demeuré fidèle aux traditions paternelles;
l'autre, du vénérable prêtre qui a baptisé le jeune
martyr, qui lui a fait faire sa première communion, l'a assisté à sa première messe, lui faisant
ainsi monter par degrés les ascensions du suprême sacrifice; il est ici présent, vous me per-
mettrez de le saluer en passant. Tous deux se
rappellent, avec une émotion qui dure encore,
cette piété, cette ferveur du jeune prêtre, ce
visage transfiguré, cette irradiation du ciel qui
brillait sur son front, ces mains frémissantes qui
tenaient pour la première fois le corps de Jésus-
Christ, et s'étendaient pour bénir son père, sa
mère, son jeune frère, tous ses parents et tous
ses amis, qu'il devait bientôt quitter pour ne plus
les revoir ici-bas. Peu de jours après, Dieu lui
accordait la faveur qu'il lui avait si souvent de-
mandée dans le secret de son cœur : il était désigné pour la Corée.

Il y a au séminaire des Missions étrangères
une scène émouvante, c'est la scène des adieux,

lorsque les jeunes apôtres se préparent à partir
pour porter la foi dans les pays lointains réservés
à leur zèle. Ils sont là debout à l'autel, les mains
jointes sur la poitrine, vêtus de leur soutane
noire, pendant que le chœur chante autour d'eux
ces paroles du prophète : *Quam speciosi pedes
evangelizantium pacem, evangelizantium bona !*
« Qu'ils sont beaux les pieds de ceux qui annoncent la paix, qui annoncent les véritables biens ! »
Et tour à tour les évêques, les supérieurs, les
jeunes séminaristes, les vieux missionnaires qui
n'ont pas manqué au martyre, mais à qui le
martyre a manqué, tous viennent dans une pro-
cession solennelle baiser les pieds des nouveaux
apôtres.

C'était il y a deux ans, au jour de la fête de
Notre-Dame du Mont-Carmel; Just part avec
quelques autres confrères, comme lui destinés
à la mission de Corée. Après un mois ou deux
d'une périlleuse traversée, il est obligé de descendre en Tartarie avant d'arriver à sa destination.

C'est là que, dans la société d'un illustre et
saint évêque, Mgr Verrolles, il passe plusieurs mois sous un climat terrible, profitant
de ce moment d'arrêt pour se familiariser avec
les mœurs si étranges des peuples de l'Extrême-
Orient.

Cependant il lui tarde de pénétrer en Corée.
Il monte avec ses confrères d'abord dans une
jonque chinoise, et ensuite dans une barque

coréenne ; ils veulent profiter de la nuit pour aborder ces plages inhospitalières. Un orage éclate durant la traversée, le tonnerre gronde, l'éclair sillonne la nue, les vagues frémissent et menacent à chaque instant d'engloutir la frêle embarcation. Ils sont là quelques jeunes hommes inexpérimentés, se dirigeant eux-mêmes à travers les écueils avec une petite boussole, dernier présent d'un père. Que vont-ils devenir au milieu de la tourmente, dans les ombres de la nuit? Mais, quand la terre manque, il reste le ciel ; si la boussole du temps fait défaut, il reste encore la boussole de l'Éternité. Ils invoquent celle que nous appelons l'Étoile de la mer, *maris Stella ;* ils font vœu de célébrer une messe en son honneur aussitôt qu'ils seront débarqués. Le calme se rétablit ; ils abordent enfin sur cette terre cruelle qui depuis si longtemps boit le sang des martyrs, et qu'ils devaient abreuver encore de leur propre sang.

Just se rend à Séoul, capitale de l'empire coréen. Vous avez ouï dire, mes frères, ce qu'est cette nation barbare qu'il est venu évangéliser ; vous savez qu'entre la Chine et le Japon vivent dix millions d'hommes soumis à un gouvernement tellement despotique, que, si le souverain commande à l'un de ses ministres de se donner la mort, celui-ci n'y va pas avec courage sans doute, mais avec soumission. Les mœurs y sont dissolues ; je ne sais quelles profanations odieuses se mêlent au culte des idoles. La nourriture y est grossière, les habitations misérables. Les missionnaires sont obligés de se tenir cachés pour éviter les trahisons.

Un saint missionnaire me racontait l'entrée de M⁊ʳ Berneux sur la terre de Corée : c'est à minuit, au milieu des ténèbres, qu'il y pénètre, à pas clandestins, guidé par un seul catéchiste. A peine arrivé, il est obligé de se cacher dans une cabane de paysan, et c'est ainsi qu'il prend possession de son siège. Rappelez-vous votre joie, mes frères, lorsque votre pontife vénéré fit son entrée dans votre cité ; les populations émues, le son des cloches, la ville tout entière en fête. Mais là, sur cette terre sauvage, chez ces peuples féroces, il faut entrer comme Jésus à Bethléhem, par la pauvreté et l'immolation. Ici, quand nous paraissons dans vos chaires, nous parlons votre langue, vous nous soutenez par votre sympathie, votre bienveillance, vos encouragements ; nos dévouements sont parfois même trop encensés ; mais là-bas il faut parler une langue étrangère, s'adresser à des cœurs barbares qui ont peine à comprendre, et trop souvent refusent même d'écouter. Ici notre ministère est facile et nous devient souvent agréable ; là-bas au contraire, l'apostolat est laborieux, entouré de mille écueils, de mille dangers.

Voilà le ministère qui attendait votre jeune compatriote. A son arrivée dans la capitale, il est obligé, pour se dérober aux recherches des ennemis du nom chrétien, de se cacher dans une chambre de quelques pieds carrés, où il peut à peine se tenir debout, et qui lui sert à la fois d'appartement, de cabinet de travail et de chapelle.

C'est là qu'il étudie la langue coréenne, façonnant sa voix à des formules âpres et difficiles pour apprendre à ces peuples infidèles la grande formule de l'éternité. C'est de là qu'il écrit ces lettres admirables où la vivacité de sa foi et l'ardeur de son âme se peignent tout entières. Savez-vous quels étaient ses regrets? « Il y a bien longtemps, disait-il, que je n'ai entendu le chant de nos églises; que je serais heureux d'entendre encore une fois le chant du *Kyrie,* du *Gloria* et du *Credo!* » Quel regret! Mes bien-aimés frères, vous le savez, ce jeune homme aurait pu briller dans vos salons, y porter des sourires et des parfums, s'enivrer de vos concerts et de vos applaudissements; il ne les regrette pas. Ce qu'il regrette, ce sont vos belles églises de Dijon, Saint-Bénigne, Saint-Michel, Notre-Dame, Notre-Dame surtout, dont l'image s'est gravée avec prédilection dans ses souvenirs. Ce qu'il regrette, c'est le chant du *Kyrie,* ce cri de la douleur et cet appel à la miséricorde; c'est le *Gloria,* ce cantique de l'adoration et de l'action de grâces; c'est le *Credo,* ce symbole de la foi des apôtres et des martyrs. Il ajoutait gaiement : « Si nous sommes maintenant réduits au silence, au ciel nous nous vengerons; là nous chanterons mieux et plus fort que les Européens. » Oui, chantez maintenant, jeune martyr ! Ah ! ce n'est plus le *Kyrie*, ce cri de la misère; ce n'est plus le *Credo*, c'est-à-dire la foi avec son regard voilé et lointain ; mais c'est le *Gloria*, le chant de la vision face à face, le chant de l'action de grâces, le chant de l'amour qui ne finit pas. Maintenant dites, dites votre *Hosanna ;* à nous de gémir et de pleurer ! Vous habitez le palais du Roi des cieux, c'est nous à notre tour qui habitons la cabane; tandis que vous répétez votre chant de triomphe, nous en sommes encore aux notes tristes et gémissantes du *Kyrie* et aux accents inférieurs du *Credo.*

Just est pendant huit mois entiers plongé dans un obscur travail, courbé sur ses livres coréens, épiant la joie du martyre, n'ayant pas même les consolations de l'apostolat. Je me le représentais tout à l'heure dans cette chambre étroite et sombre; et, triste d'avoir à improviser de si grandes choses et de les traduire dans un langage si faible et si pauvre, je lui disais : « O jeune martyr, je ferai comme vous, je balbutierai en parlant de vous, comme vous faisiez en Corée en parlant de Jésus-Christ. »

Mais c'en est fait, la couronne est prête, l'heure du sacrifice est proche. Une trahison va livrer la chrétienté de Corée.

La chrétienté de Corée, ai-je dit. Quel attrait elle a pour un martyr, cette chrétienté si souvent persécutée et toujours subsistante ! Elle remonte manifestement aux inspirations de saint François

Xavier, l'un des premiers-nés de cette illustre société qui a donné à l'Église, dans l'extrême Orient, tant de missionnaires et tant de martyrs. Décimée, appauvrie, l'Église de Corée se soutenait privée de prêtres; nous ignorons combien de milliers de chrétiens y vivaient secrètement attachés à la vraie foi et au Saint-Siège. Mais voici ce que nous savons. En 1811, quelques fidèles ignorés, qui appartenaient aux classes inférieures comme les Apôtres, se réunissent et écrivent une lettre pour demander des prêtres et des évêques. Savez-vous à qui ils l'adressent? — A Pie VII. Cette lettre va chercher le Pontife à Rome, mais il n'y était plus; elle vient donc le trouver captif à Fontainebleau. Et qu'écrivaient-ils, ces barbares habitants d'un pays inconnu? Que lui disaient-ils, à ce vieillard, à ce captif? Ils lui disaient : « Nous sommes chrétiens; nous n'avons plus ni prêtres ni évêques; venez à notre secours, c'est vous qui nous sauverez. » Quelle démonstration, Messieurs, de ce qu'il y a de divin dans l'institution de la papauté! Où qu'elle soit, les peuples les plus lointains se tournent vers elle; c'est d'elle et c'est d'elle seule qu'ils attendent la résurrection et la vie.

Que dirai-je de la persécution de l'année dernière? Les détails nous manquent, mais nous savons une chose : c'est qu'ils étaient là douze apôtres, et que neuf furent égorgés. On croit que votre jeune compatriote fut un des premiers immolés.

Cependant, avant qu'il ne fût trahi, livré comme le divin Maître, Dieu ménageait à Just une joie suprême : il ne voulut pas lui donner la palme du martyre avant de lui avoir fait goûter les joies de la fécondité de l'apostolat. Jusqu'aux derniers jours de sa vie mortelle, le jeune missionnaire avait pu dire : « J'ai travaillé toute la nuit, Seigneur, et je n'ai rien pris. » Mais, à l'aube blanchissante de l'éternité, il aura un dernier coup de filet et un coup de filet heureux. Son évêque était malade ; il n'avait pu visiter les chrétientés les plus éloignées : on lui amène trente-sept catéchumènes. C'est à Just qu'est réservé le honheur de conférer le baptême à ces trente-sept néophytes, et cette joie lui sera donnée la veille même de son martyre. Oh ! il peut mourir maintenant, car son apostolat a été béni, il a été fécond, et il le sera bien plus encore par le sang qu'il va verser.

Il y a aujourd'hui un an, peut-être à l'heure où je vous parle. C'était le jour de la fête de saint Jean de Dieu, de ce grand saint qui fut toute sa vie martyr de la charité. L'histoire nous le montre se jetant au travers des flammes d'un incendie pour arracher à la mort les malades de l'hôpital de Grenade ; et la légende de son office ajoute : « le feu qui le consumait au dedans était plus ardent que l'embrasement du dehors. » Notre jeune missionnaire portait, lui aussi, cet incendie sacré dans son cœur. Le jour consacré à saint Jean de Dieu n'était-il pas bien choisi pour la consommation de son sacrifice?

Nous ne connaissons pas toutes les circonstances de son supplice. Mais nous savons que, mené devant le régent du royaume de Corée, il est resté ferme, inébranlable, au milieu des tourments. Voyez : on l'attache avec de grosses cordes, on l'étend sur une planche, on lui rompt les jambes. Mais il dit avec saint Ignace d'Antioche : « C'est bien! c'est maintenant que je commence à être un disciple du Christ. Je suis le froment de Jésus-Christ, je veux être broyé pour devenir un pain vraiment pur. Je veux que mon sang soit comme le vin qui jaillit du pressoir. Il est temps que je devienne une hostie digne de Dieu. Ici-bas je suis encore esclave : frappez donc, brisez les liens qui tiennent mon âme captive, et je serai libre, libre à toujours, avec Jésus-Christ! »

Il est exaucé, le bourreau lui tranche la tête. Son évêque a précédé; deux missionnaires suivent la route sanglante et triomphale. Leurs restes, dignes de la vénération des siècles, reposent loin de nous, sur cette terre ingrate qui a bu si souvent le sang des martyrs. Ah! sans doute, comme les premiers chrétiens aux jours des persécutions de l'Église naissante, sans doute les néophytes de la Corée auront observé avec un soin religieux le lieu où ont été inhumés les témoins du Christ. Sans doute ils veillent pieusement sur ce dépôt sacré. Un jour, espérons-le, ces précieux restes nous seront rendus; un jour

il nous sera donné de les environner d'honneur
et de gloire.

Voilà, chrétiens, ce qui se passait, il y a un
an, à l'autre extrémité du monde : un peuple
ameuté contemplait avec une curiosité féroce le
supplice de ces étrangers venus d'Europe. Et
vous, chrétiens, vous étiez peut-être à l'heure de
vos fêtes, vous vous abandonniez à vos joies mondaines, sans songer qu'un fils généreux de votre
cité tombait au loin sous la hache d'un barbare.

Oui, la hache avait frappé, mais l'ange gardien
de Just lui avait dit : « Fils des martyrs, montez
au ciel. » Ouvrez-vous, portes éternelles : *Eleva-
mini, portæ æternales*. Voici que le Roi des martyrs descend, et derrière lui vos vieux saints,
saint Étienne, le protomartyr, le premier patron
de ce diocèse, saint Bénigne, votre apôtre, saint
Symphorien, saint Bernard, sainte Chantal, la
bienheureuse Marguerite-Marie, et tous les saints
de votre beau pays. Quel spectacle et quel enseignement ! Oh ! il n'est pas de gloire comme celle
des martyrs. Remarquez, s'écriait saint Cyprien,
remarquez bien les jours où ils sont tombés, et
gardez-en fidèlement la mémoire : *Annotate dies
in quibus excidunt*.

Et pourtant, si Just avait soupiré longtemps
après ce jour fortuné, jamais il n'avait ambi-
tionné l'hommage public que nous rendons en
ce moment à sa mémoire. « Mon ami, avait-il dit
à l'un de ses amis du monde (et ce fut son der-

nier adieu), mon ami, priez pour que je sois bientôt martyr et que personne ne le sache. » Que dites-vous, mes frères, de cette parole: «Priez pour que je sois martyr *et que personne ne le sache ?* » N'est-ce pas là la parole d'un saint?

Et maintenant instruisez-vous, instruisons-nous : *Et nunc intelligite, erudimini.* Quel exemple et quelle leçon!

Quelle leçon pour nous d'abord, pour nous prêtres de Jésus-Christ! Combien nos existences commodes au sein de notre Europe civilisée, combien nos dévouements que l'on encense, que l'on compromet, sont mesquins en regard de cette obscurité volontaire, de cette soif d'anéantissement et d'immolation! Ah! combien il importe que nous nous lavions dans la source de la pureté, de l'humilité, de la pauvreté, du sacrifice, pour racheter, pour sauver l'Europe vieillissante et épuisée! Nous ne lui demandons pas ses trésors, oh! non. Nous lui demandons ses âmes, et si nous savons les mériter, ô mon Dieu! elles ne nous seront pas refusées.

Et vous, gens du monde, que vous dirai-je? Pour vous aussi, pour vous, quel exemple et quelle leçon! Un jour peut-être l'Église placera le jeune martyr sur ses autels, un jour peut-être une de vos rues portera son nom. Mais, en attendant, honorez sa mémoire en imitant ses vertus. Apprenez de lui à faire revivre dans cette cité le christianisme sérieux de vos pères.

Apprenez de lui qu'il ne suffit pas de faire le signe de la croix sur son front et sur sa poitrine, mais qu'il faut porter la croix dans son cœur. Croyez-moi, Dieu ne suscite pas pour rien les martyrs. Ce n'est pas sans des vues providentielles qu'il permet de pareils sacrifices, qu'il envoie à une cité de pareils exemples. Quand Dieu écrit avec du sang, c'est apparemment pour que nous soyons attentifs. Quand il en abreuve la terre, c'est pour y faire germer des chrétiens, c'est peut-être pour ressusciter des peuples.

Mes frères, avant de finir, permettez-moi un mot confidentiel. Lorsqu'il y a deux ans, Pie IX m'imposa les mains, lorsqu'il chargea mes épaules du fardeau terrible de l'épiscopat, il me disait : « Je crois à l'unité religieuse. Les peuples vieillis de l'Europe qui sont dans le schisme et l'hérésie nous reviendront, parce qu'ils ont parcouru le cercle entier de l'erreur; nous devons les attendre; mais ce qui me préoccupe, c'est l'Orient. » Et ce pontife si grand dans sa simplicité, si serein au milieu de ses épreuves, laissa échapper presque un sanglot; des larmes vinrent à ses yeux, et il poursuivit : « Si j'avais des ouvriers, il me semble que je ressusciterais l'Orient; mais les ouvriers me manquent. »

Ah! oui, chrétiens, la moisson est abondante; mais tandis qu'au milieu de nous toutes les carrières sont encombrées, les ouvriers évangéliques font partout défaut.

Priez donc, afin que le maître de la moisson

envoie des ouvriers dans ces pays lointains et délaissés.

Ah! je vous en conjure, mères chrétiennes, avant de sortir de cette enceinte (autrement vous ne seriez pas dignes de vous être associées à cette fête), agenouillez-vous, joignez les mains, et dites à Dieu du fond de votre cœur : « O Dieu, ô Jésus-Christ, votre vicaire demande des prêtres, des missionnaires; qu'il en sorte de mon cœur, de mon sein, de ma famille!... » Et vous, jeunes gens qui m'entendez, ne serez-vous pas touchés de ce grand exemple? Ne viendrez-vous pas au combat? Ne direz-vous pas comme l'apôtre : « Allons, nous aussi, nous réunir au Christ, et mourons avec lui, mourons pour lui. »

O âme d'apôtre! ô âme de martyr! ô Antoine! ô Just! inclinez-vous en ce moment vers cette assemblée. Ici-bas vous vouliez être caché et voilé; mais aujourd'hui c'est le jour de votre manifestation et de votre gloire. Aujourd'hui nous vous offrons une première couronne. Faites-nous dès aujourd'hui sentir l'effet de votre puissante protection : bénissez cette cité, heureuse et fière d'avoir vu vos pas et de conserver le souvenir de votre visage. Je ne vous dis pas de bénir votre famille, vous la bénissez tous les jours, et vous lui rendez en honneur et en joie ce que vous lui avez coûté de douleur et de sacrifice. Bénissez vos jeunes amis du monde et du sanctuaire. Bénissez ce clergé dévoué, qui est accouru à la première parole du pontife pour honorer

votre mémoire. Bénissez ce vénéré pasteur!
Vous bénirez aussi les magistrats de la cité, et
votre Bourgogne bien-aimée, et la France, et
l'Europe, et la Corée. Si j'ose y prétendre à mon
tour, que votre bénédiction, jeune martyr, s'é-
tende aussi sur moi; qu'elle s'unisse à celle de
saint François de Sales pour la résurrection des
peuples morts dans l'infidélité de l'hérésie.
Oui, bénissez-nous tous, bénissez le monde,
afin qu'il soit digne de donner le sang des martyrs, digne de comprendre le sacrifice, digne
de l'admirer, digne surtout de le pratiquer
toujours.

Ainsi soit-il.

FIN

TABLE

—

19529. — Tours, impr. Mame.

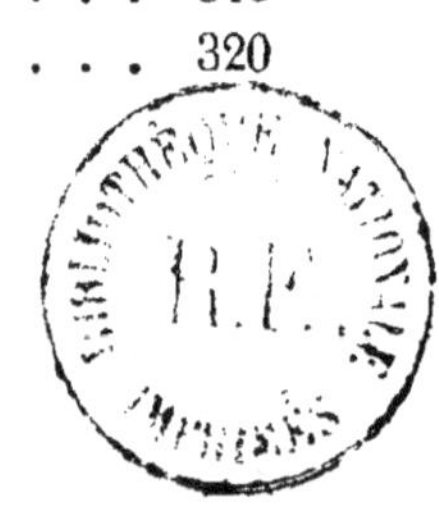